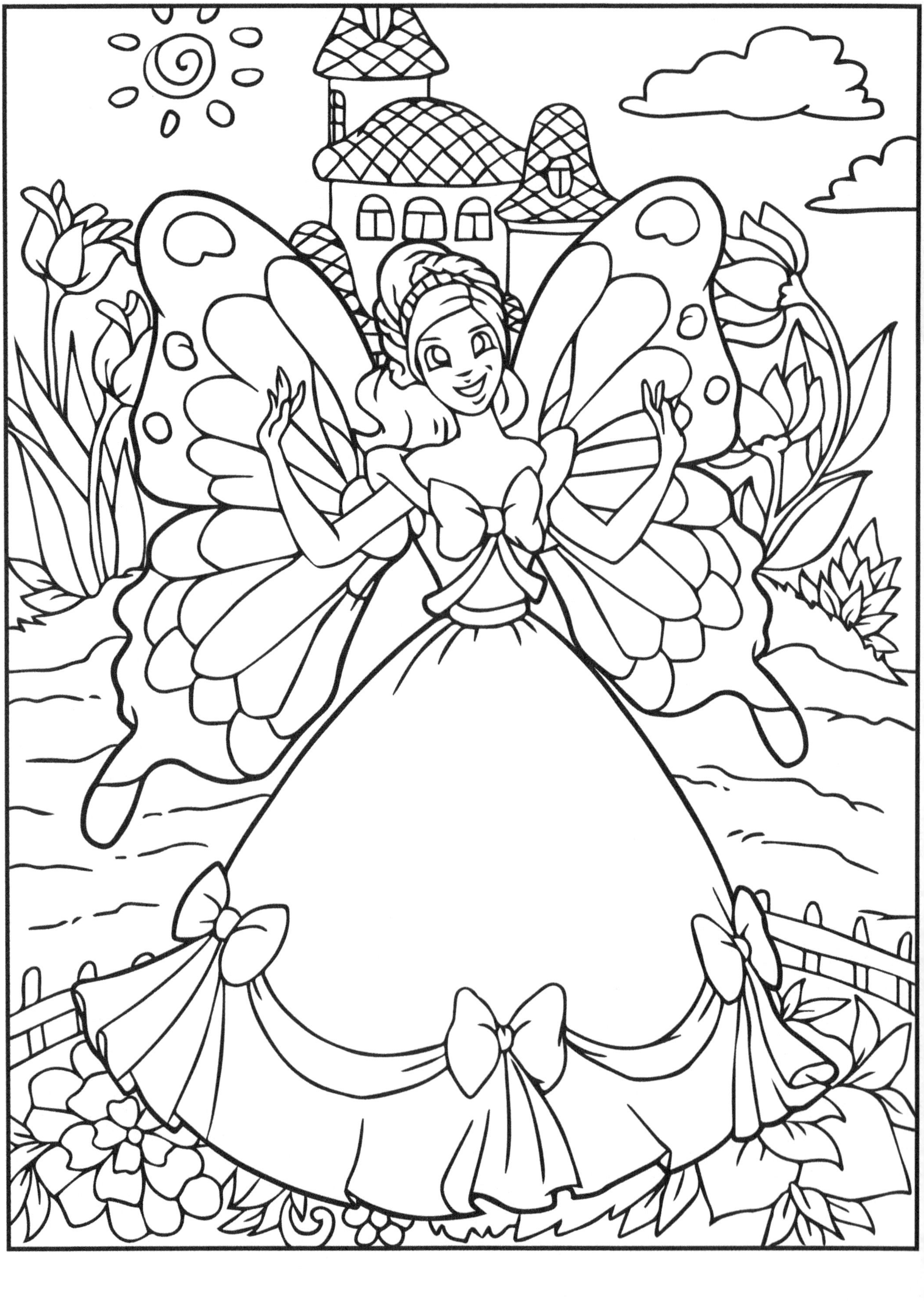

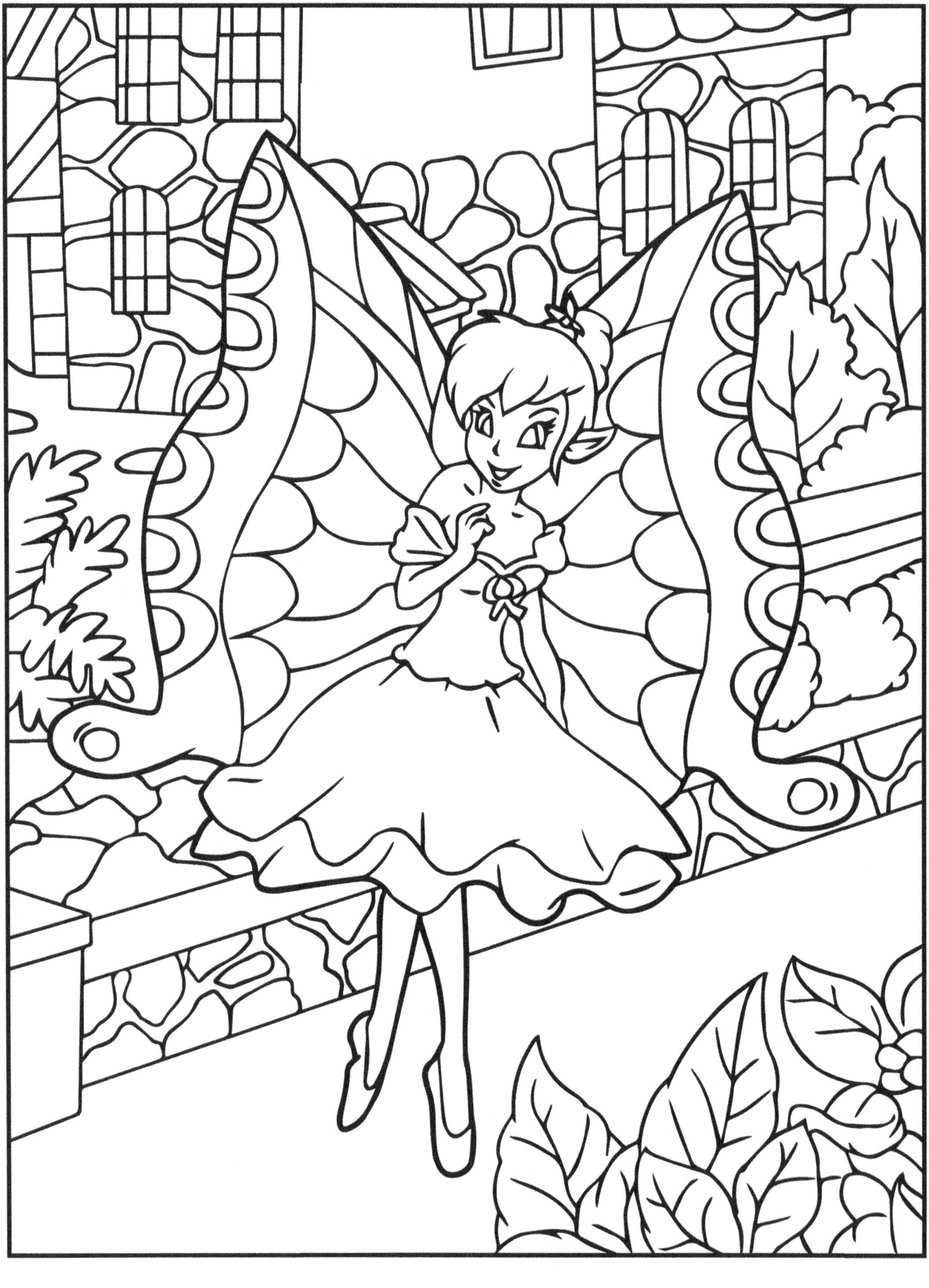

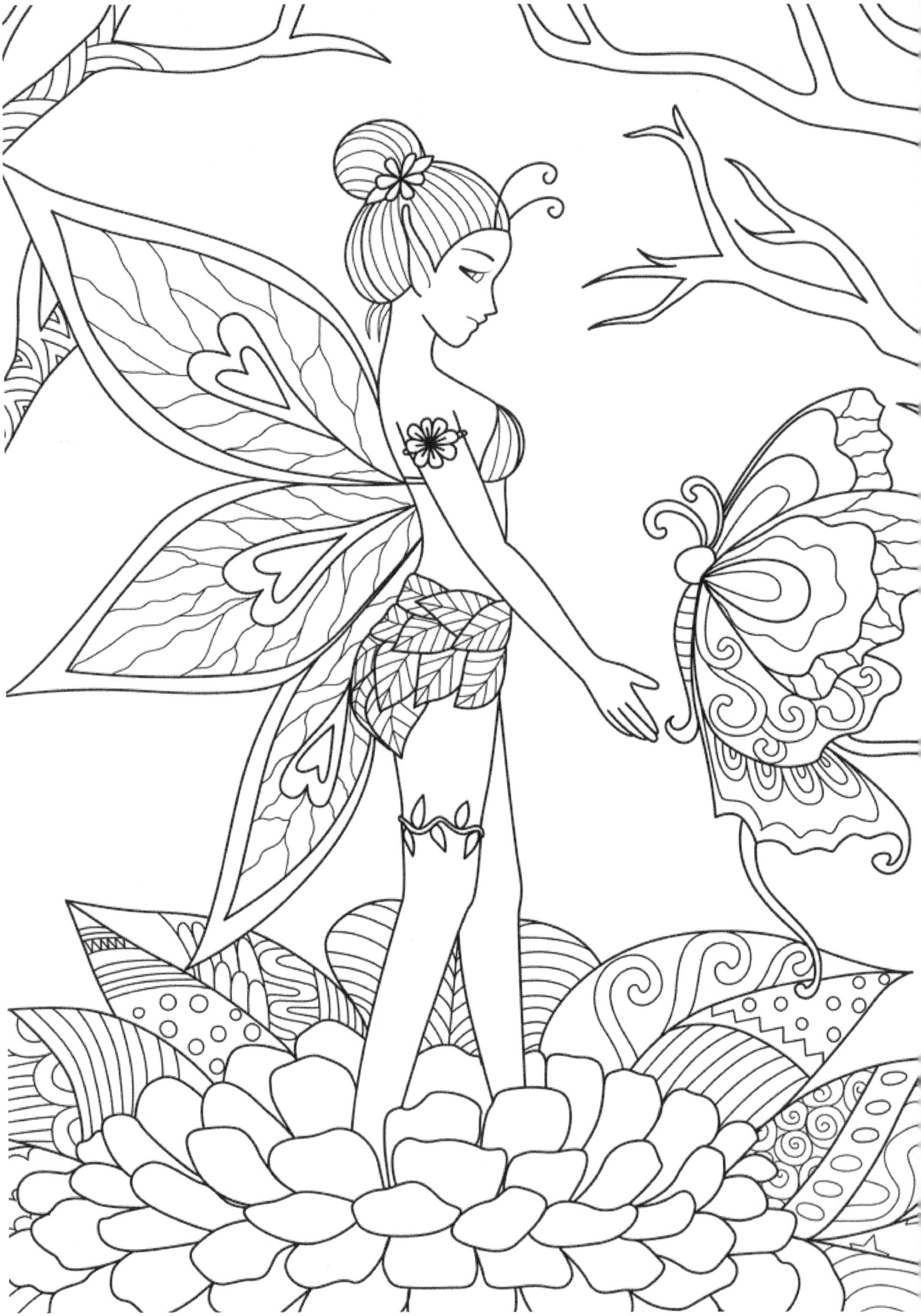

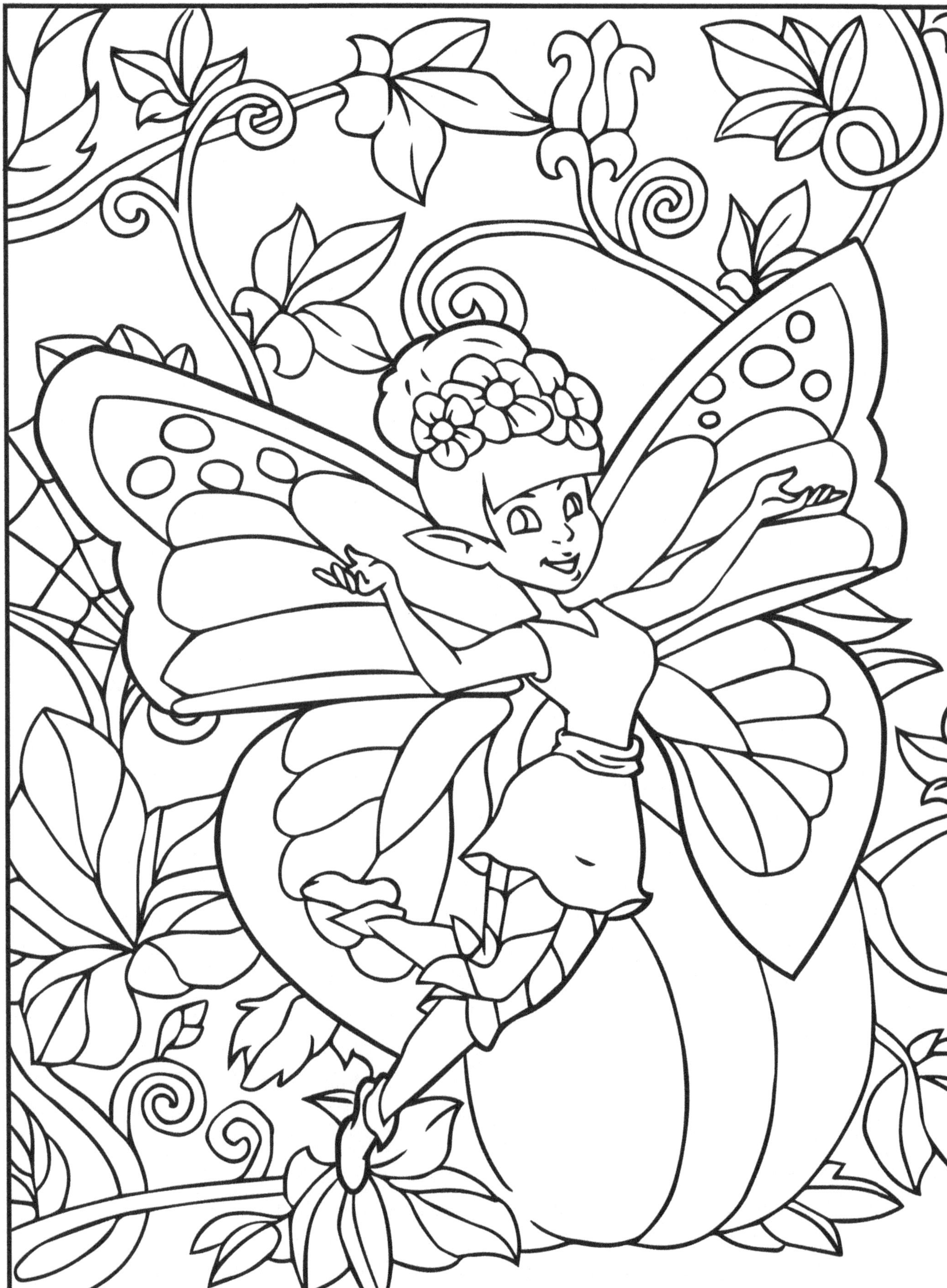

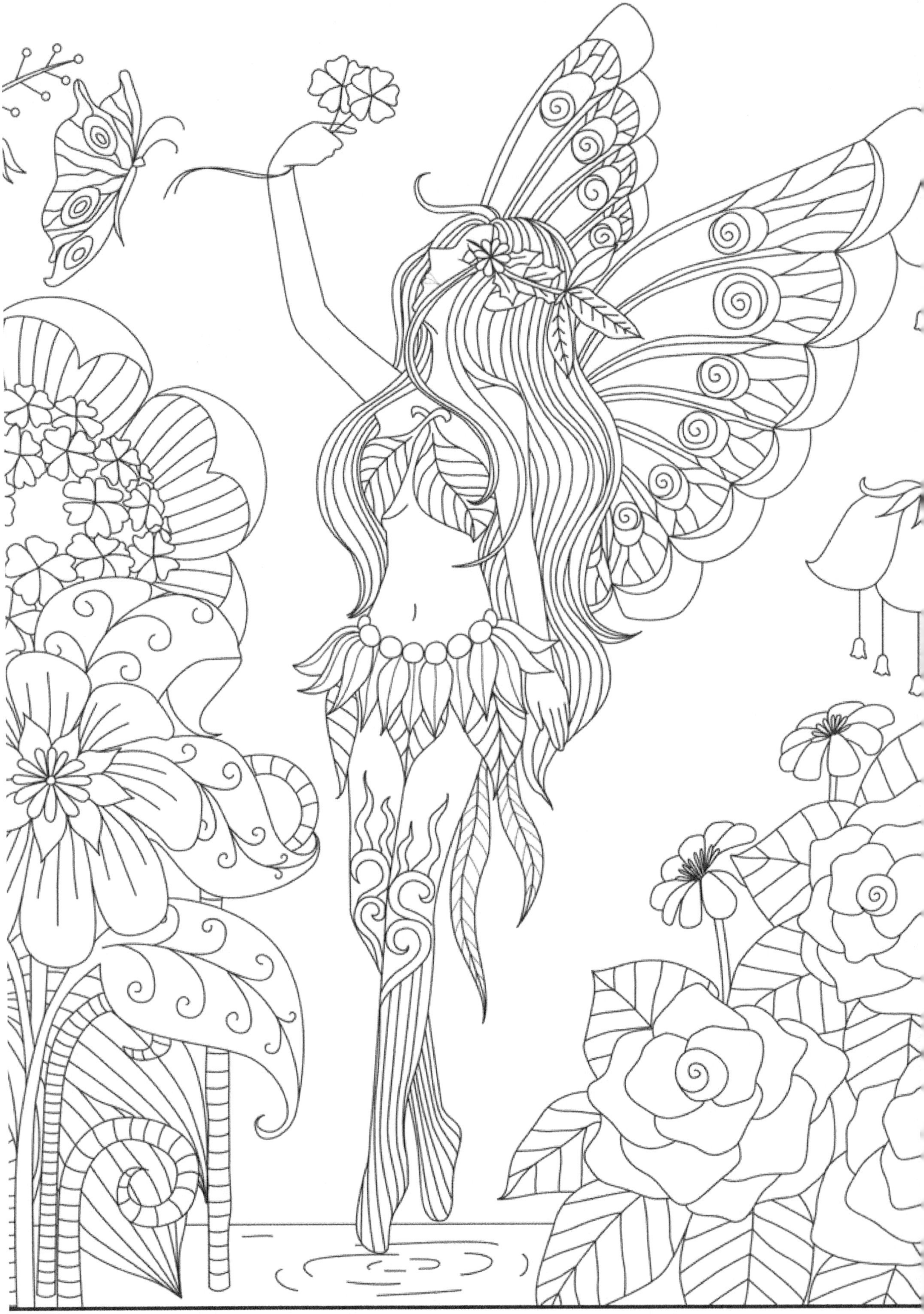

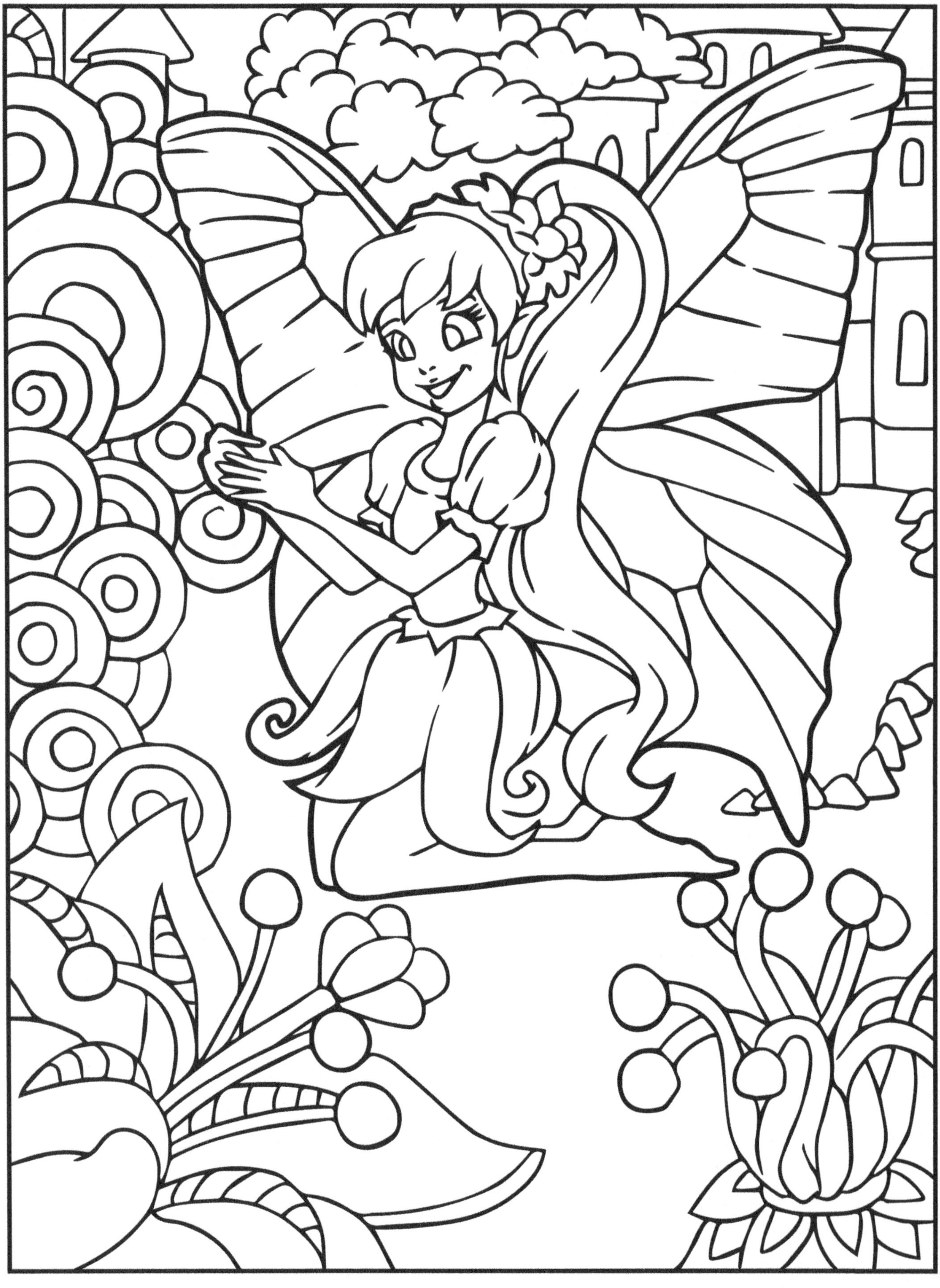

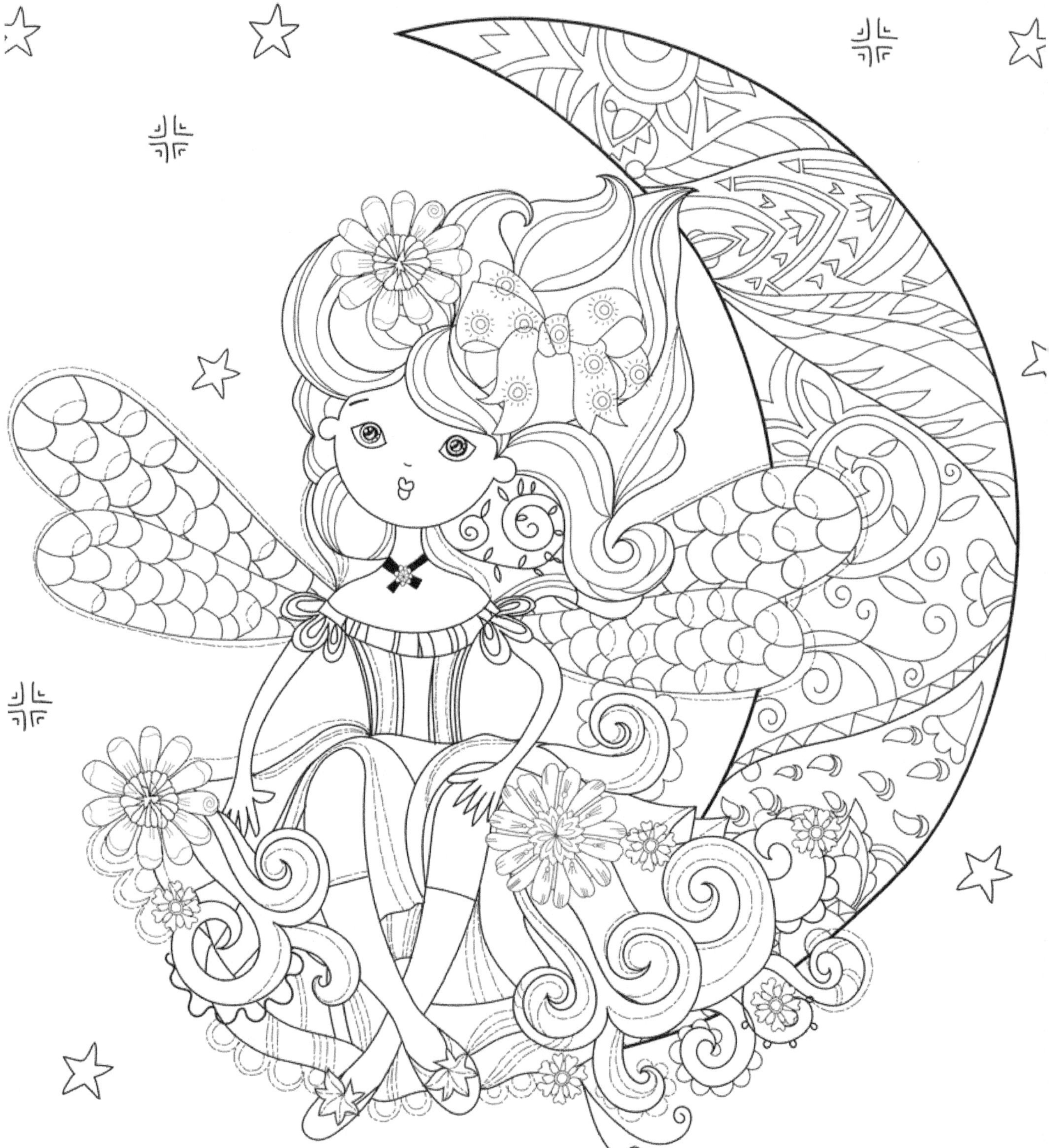

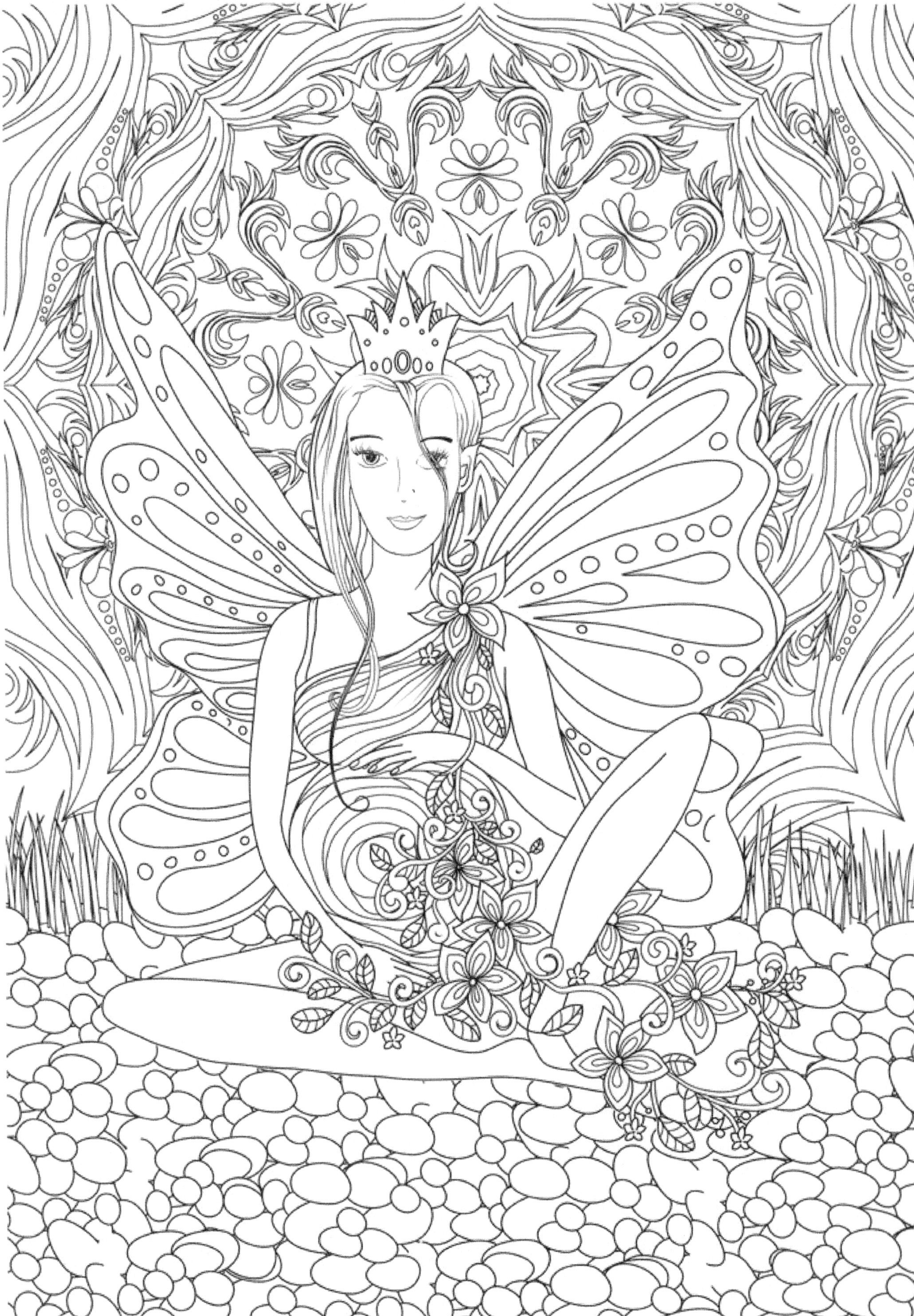

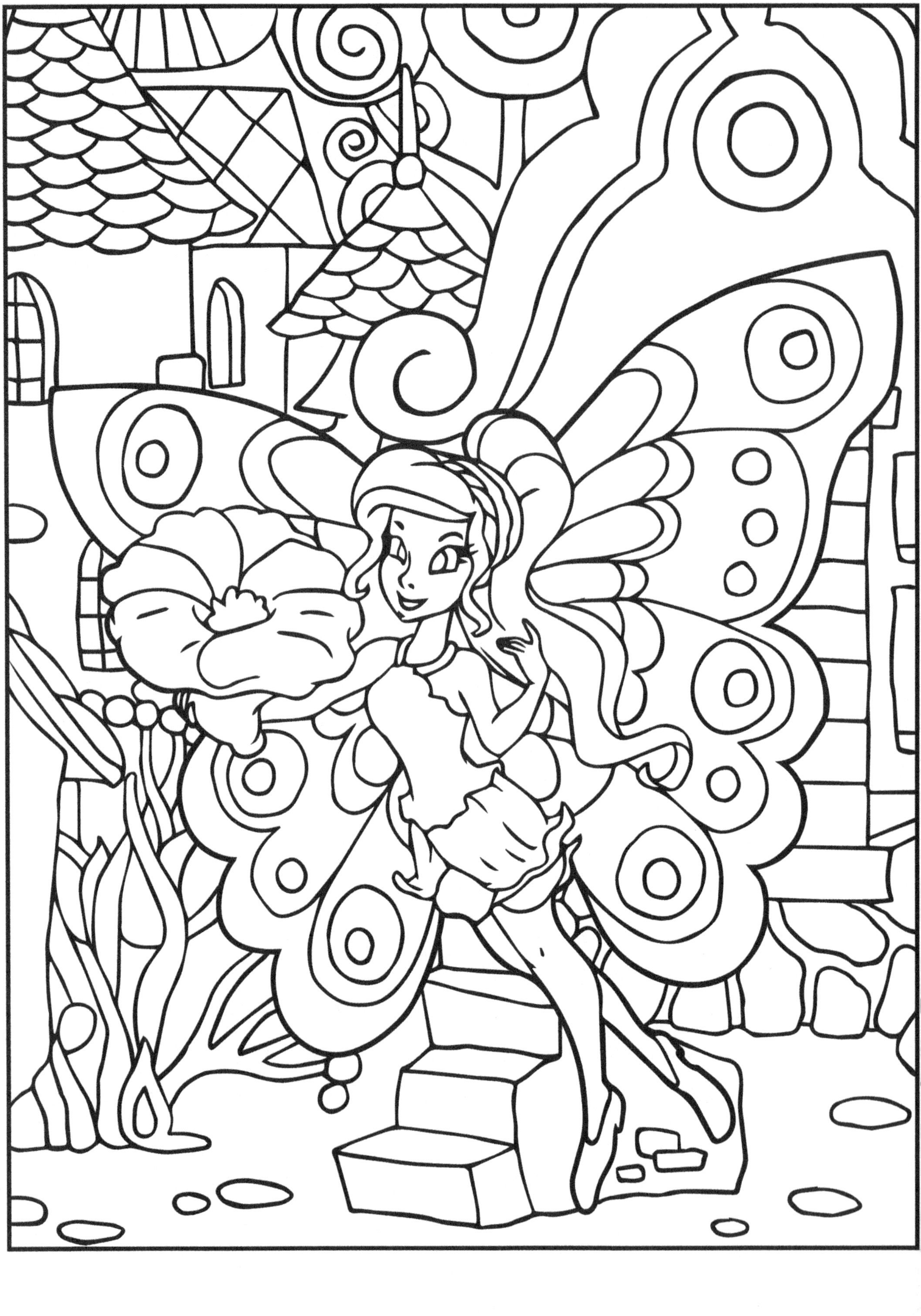

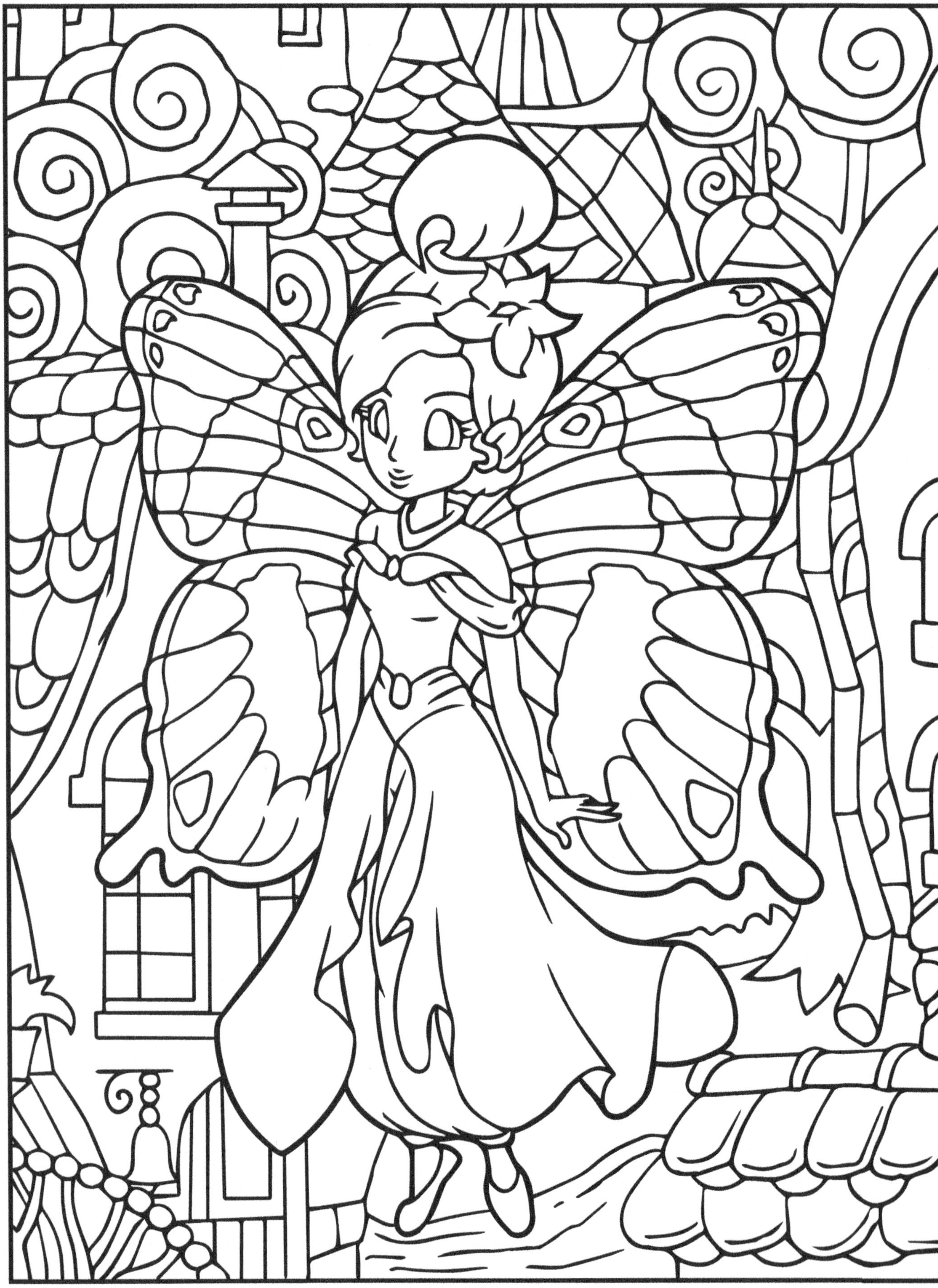

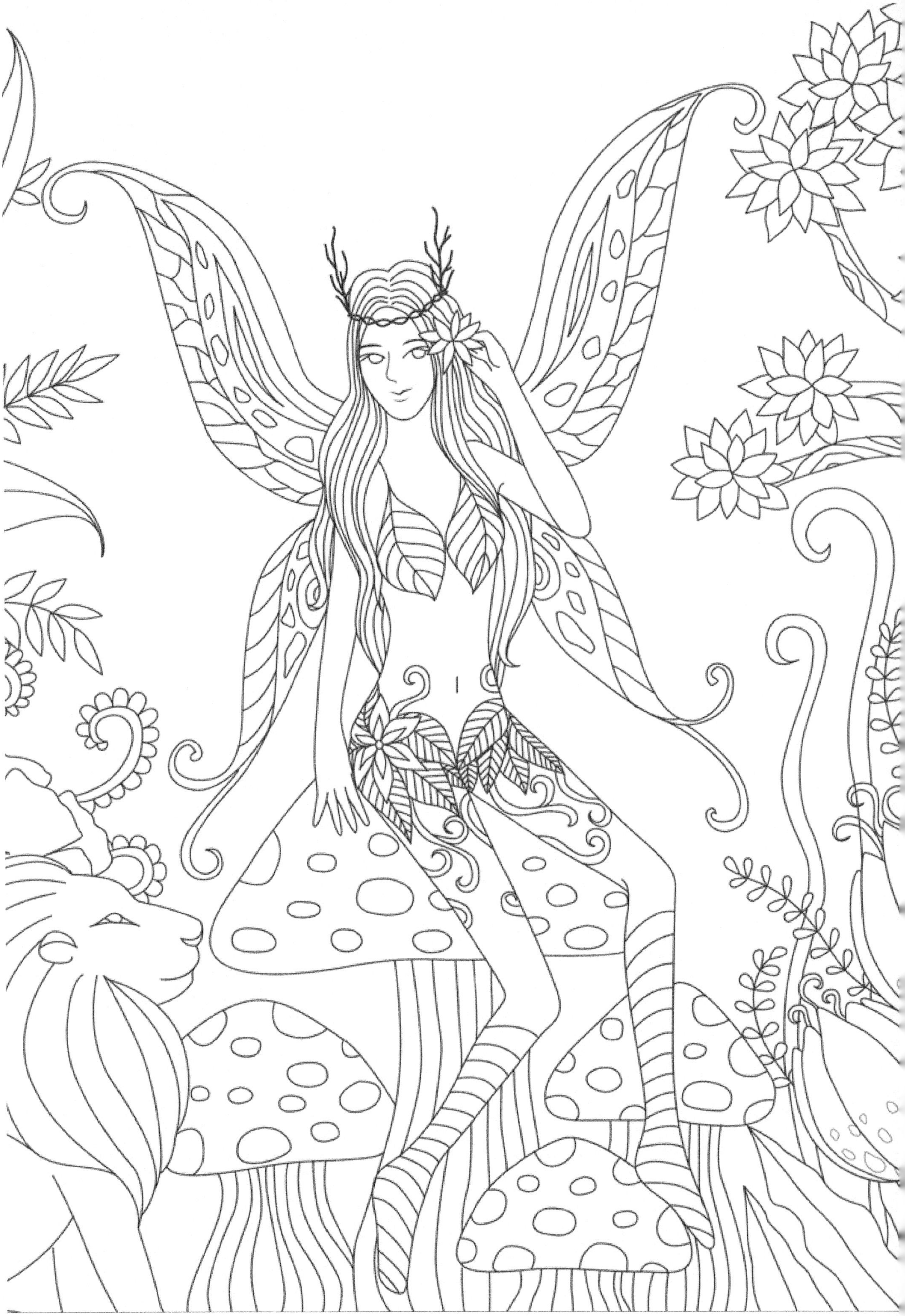

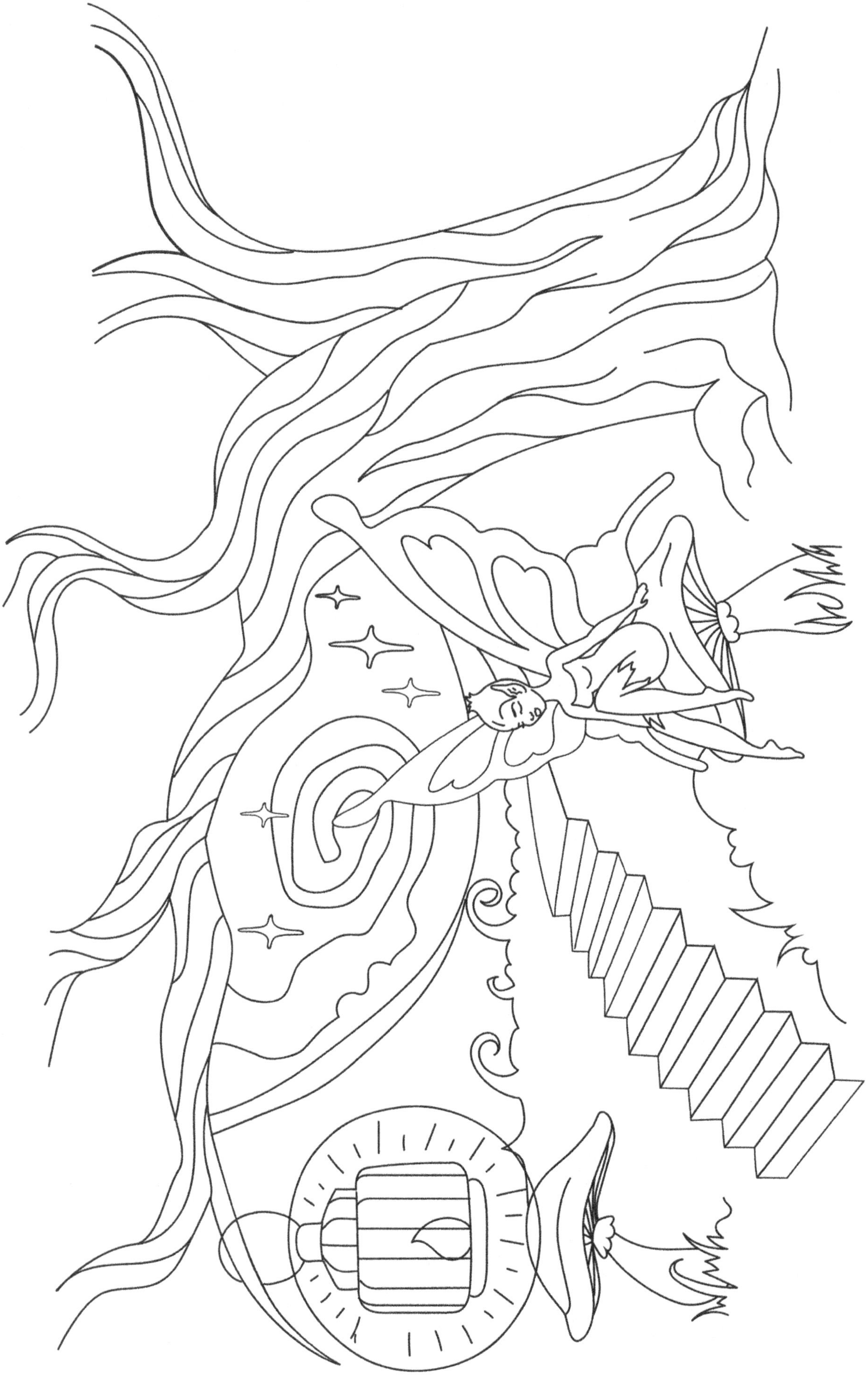

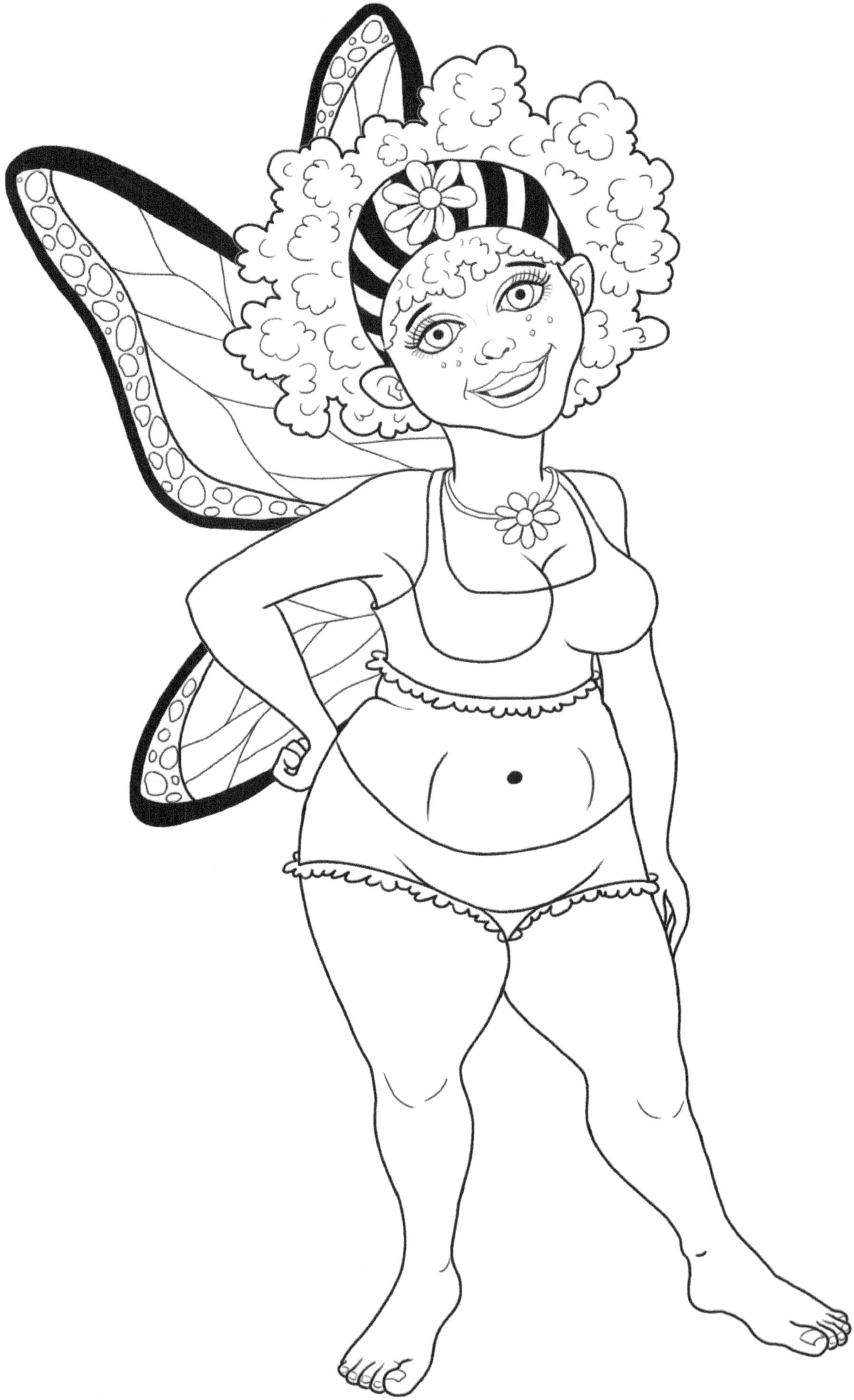

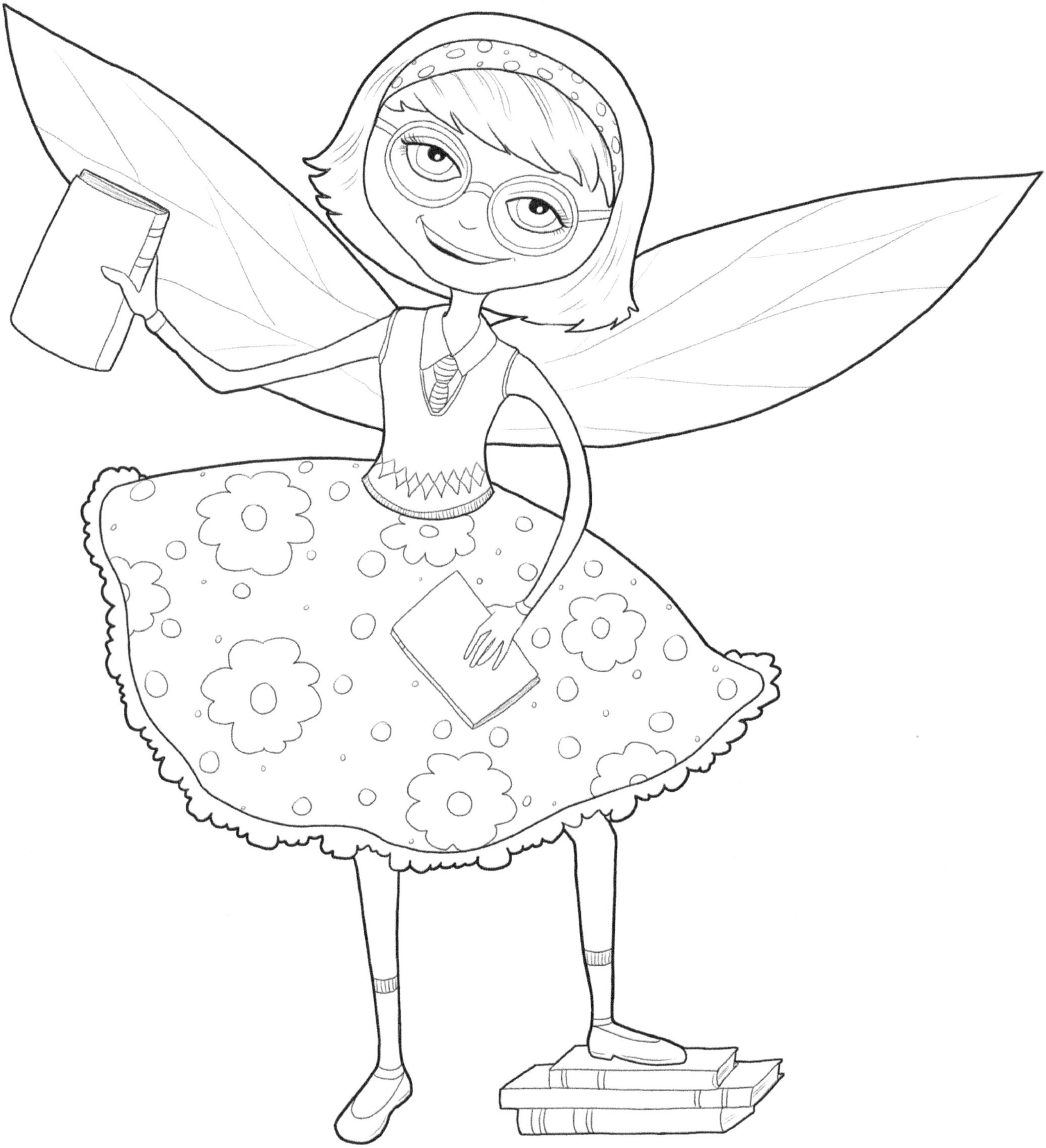

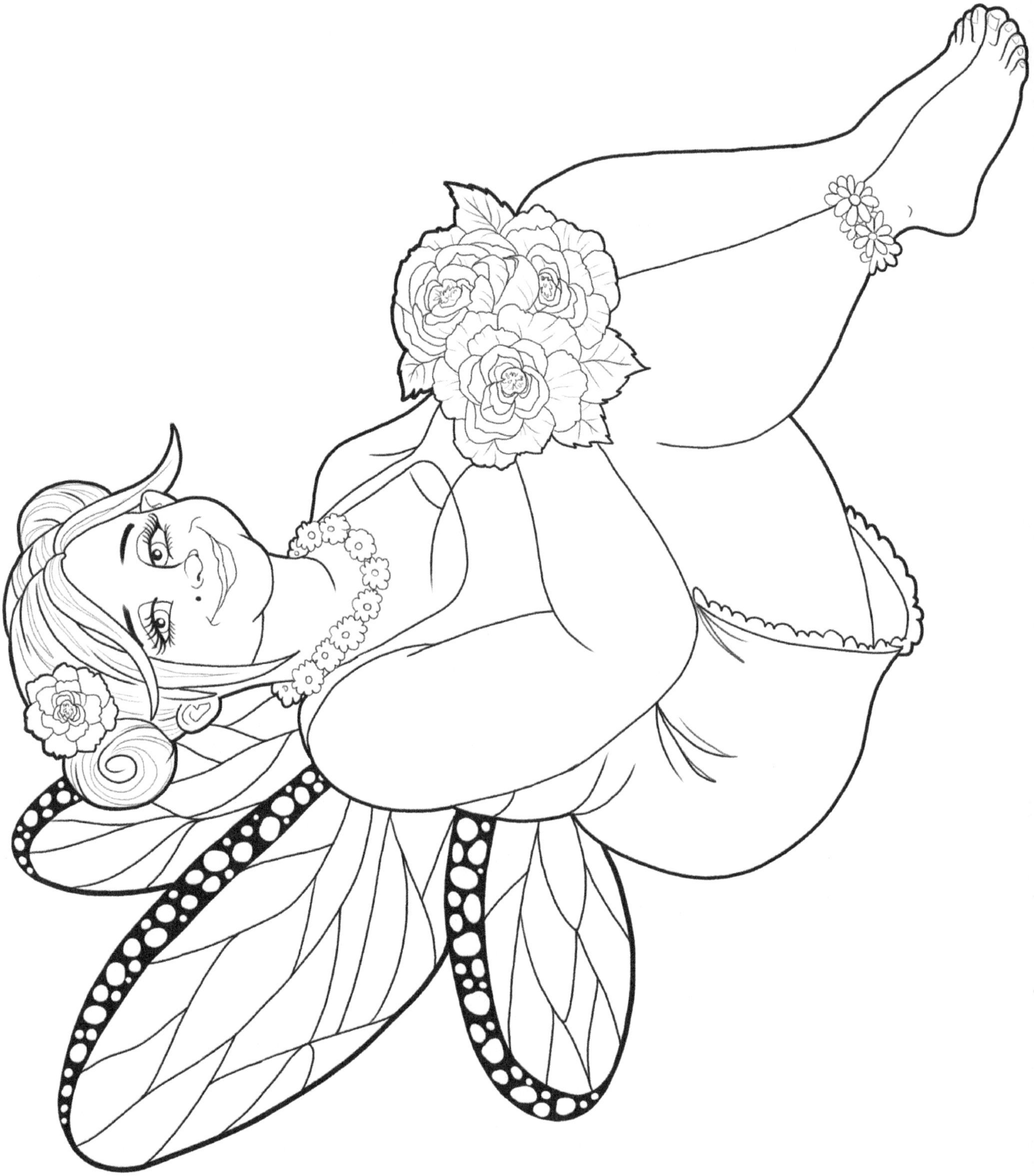

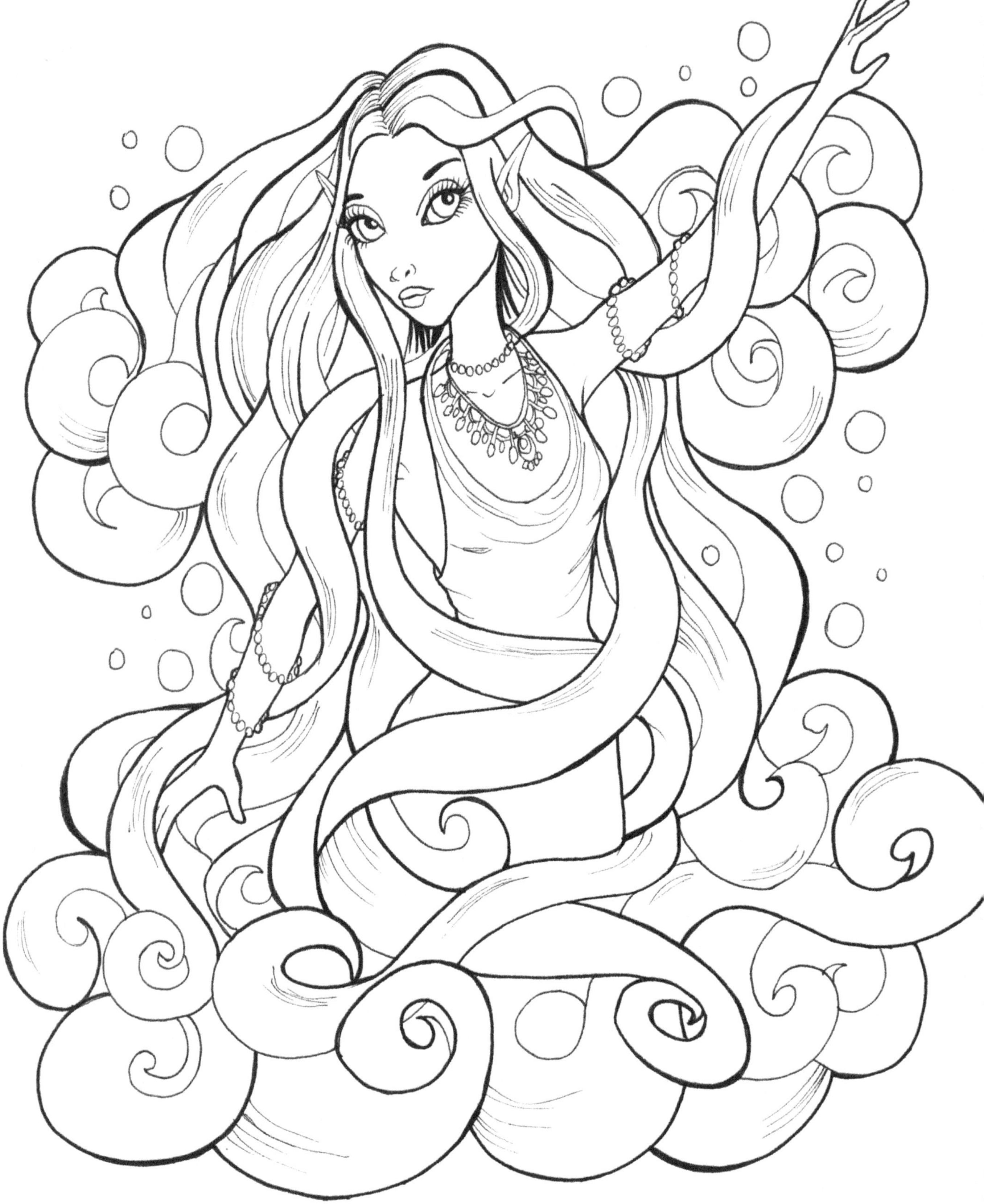

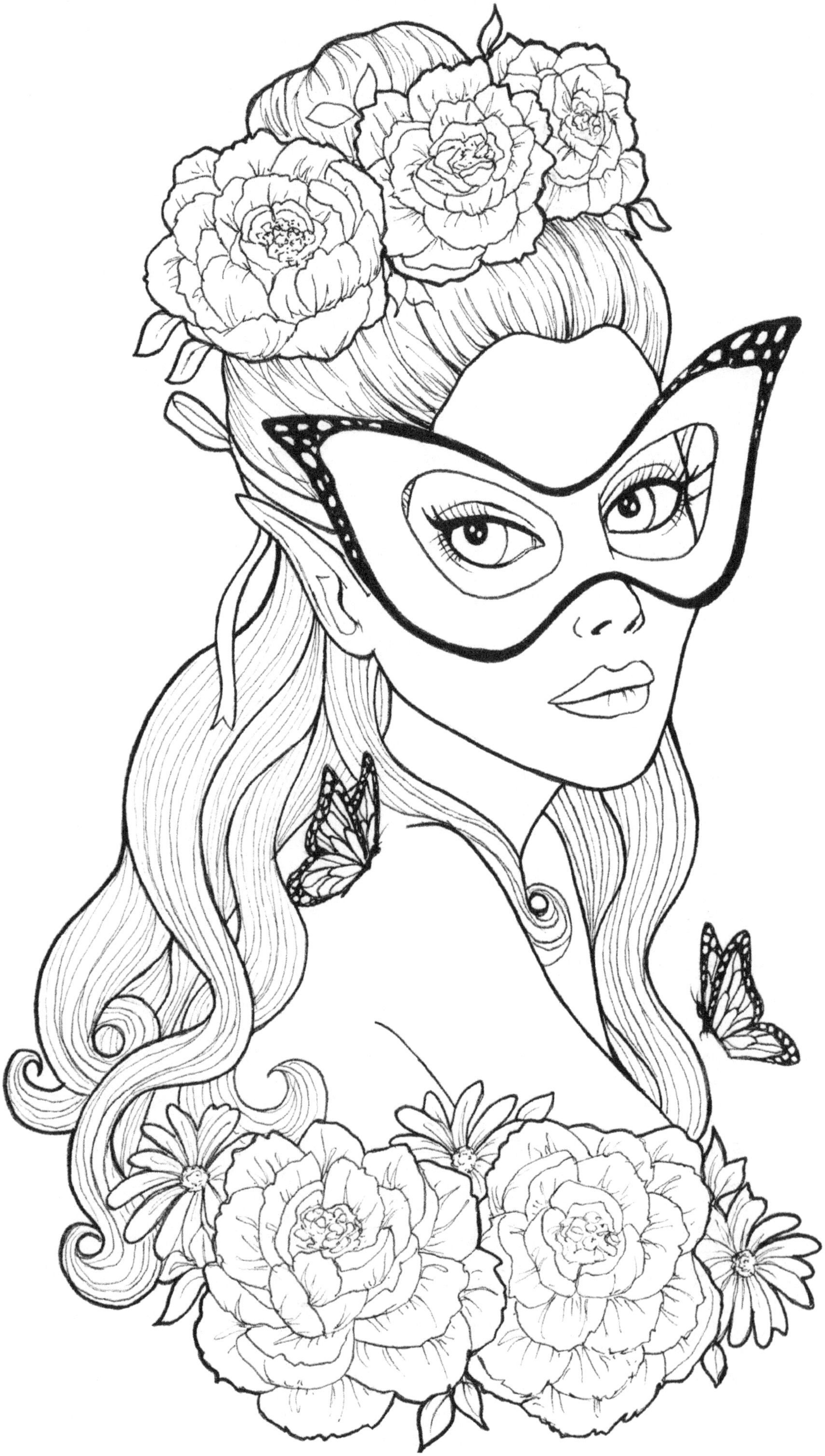

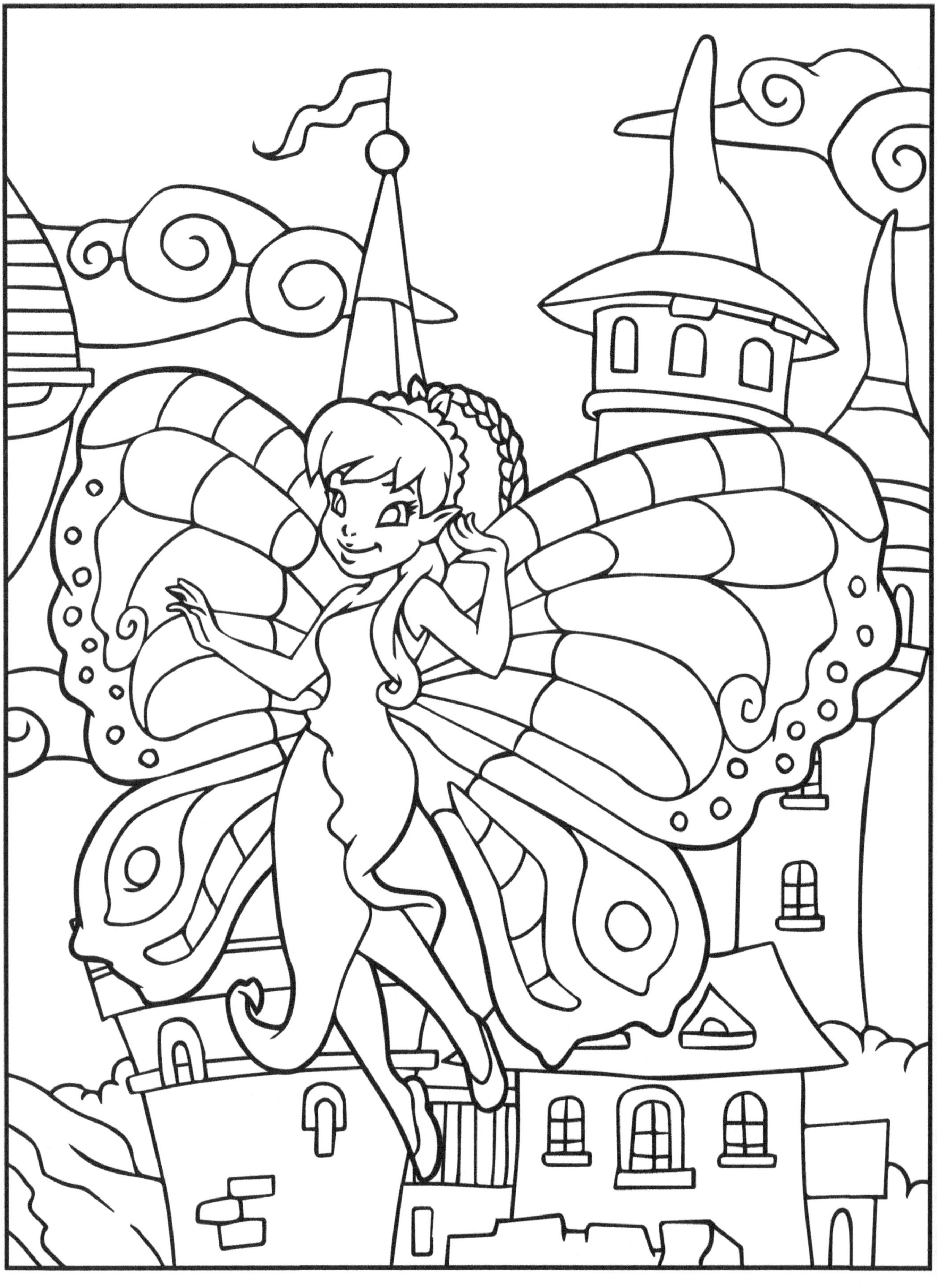

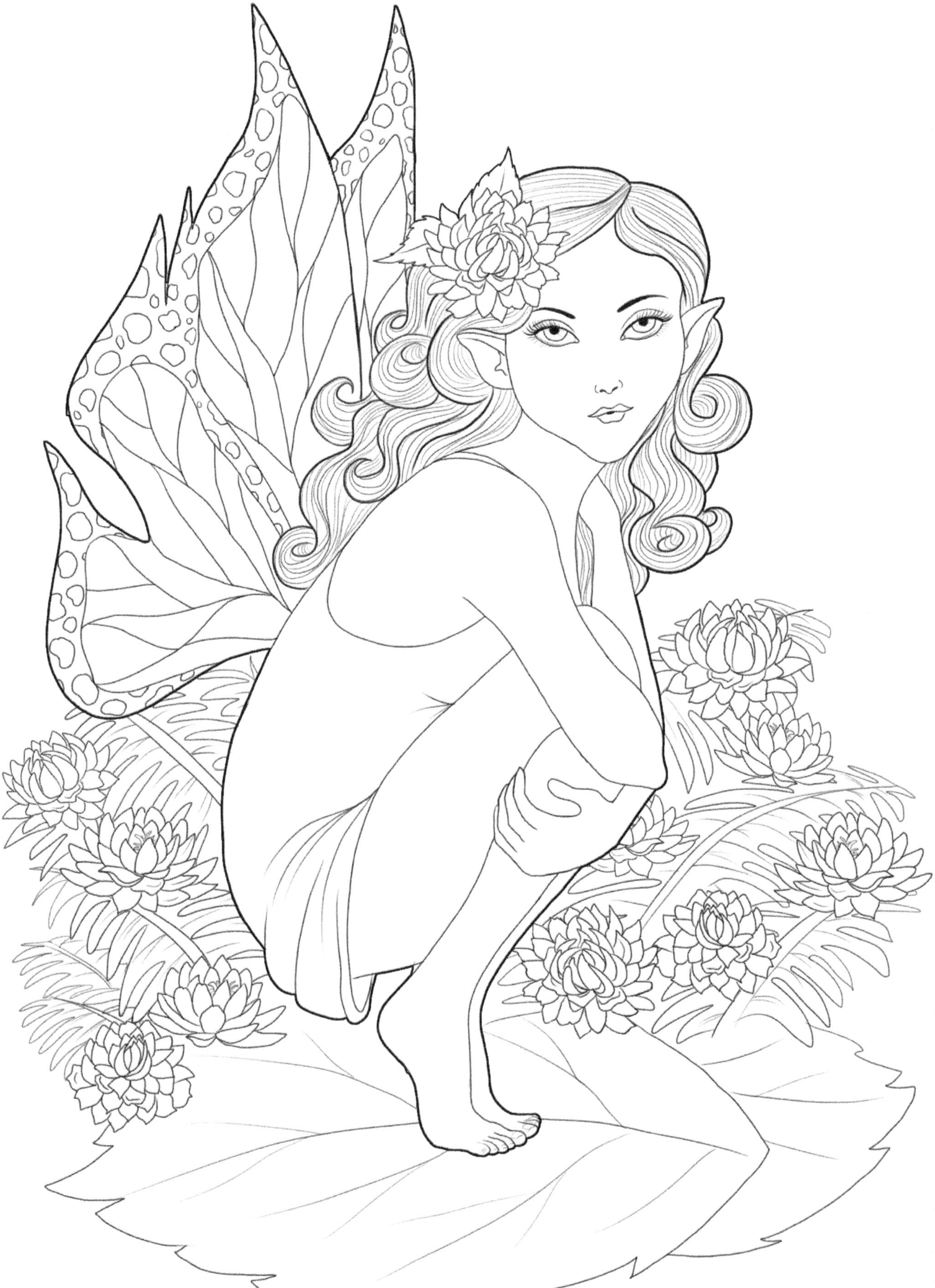

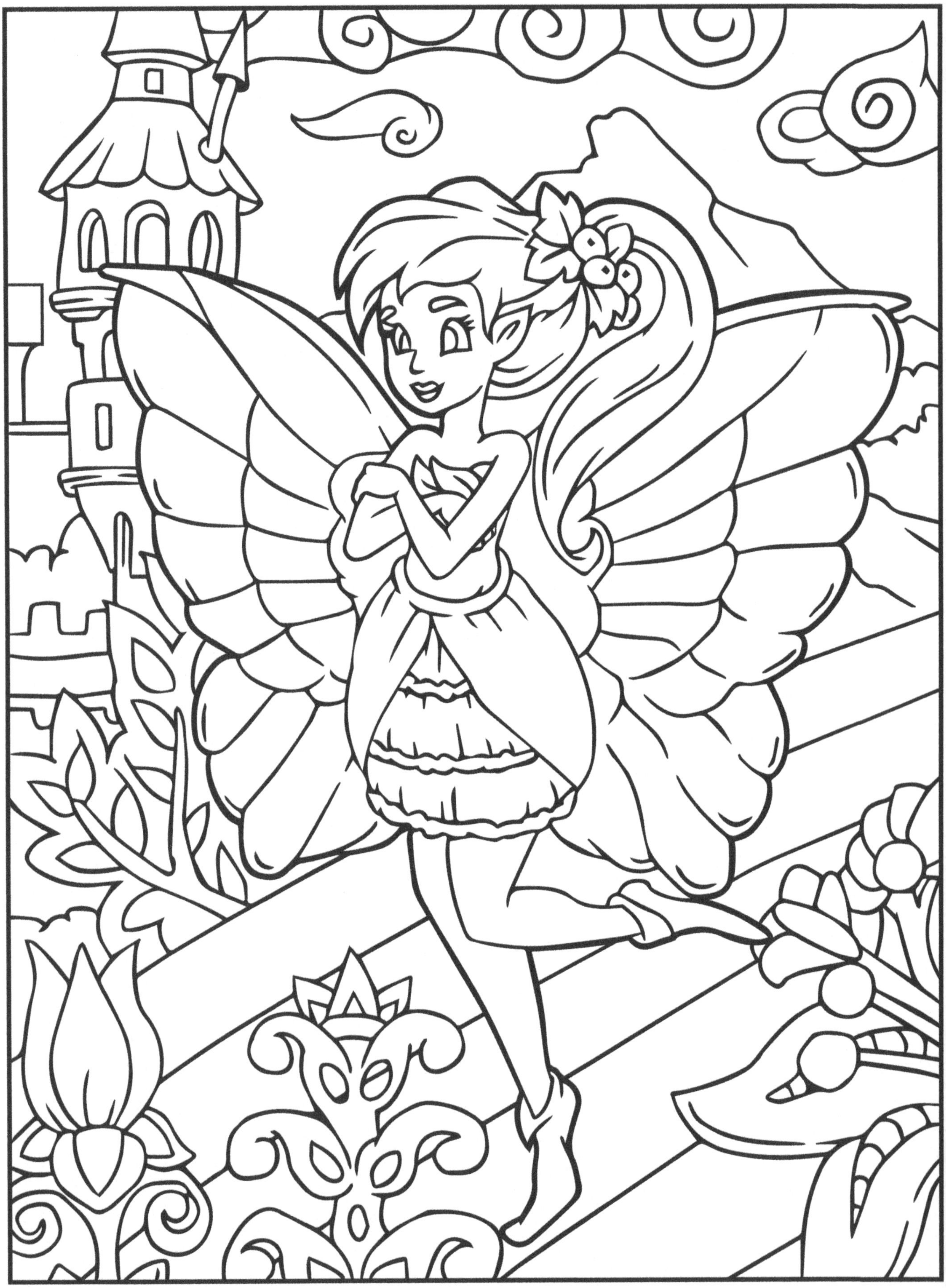

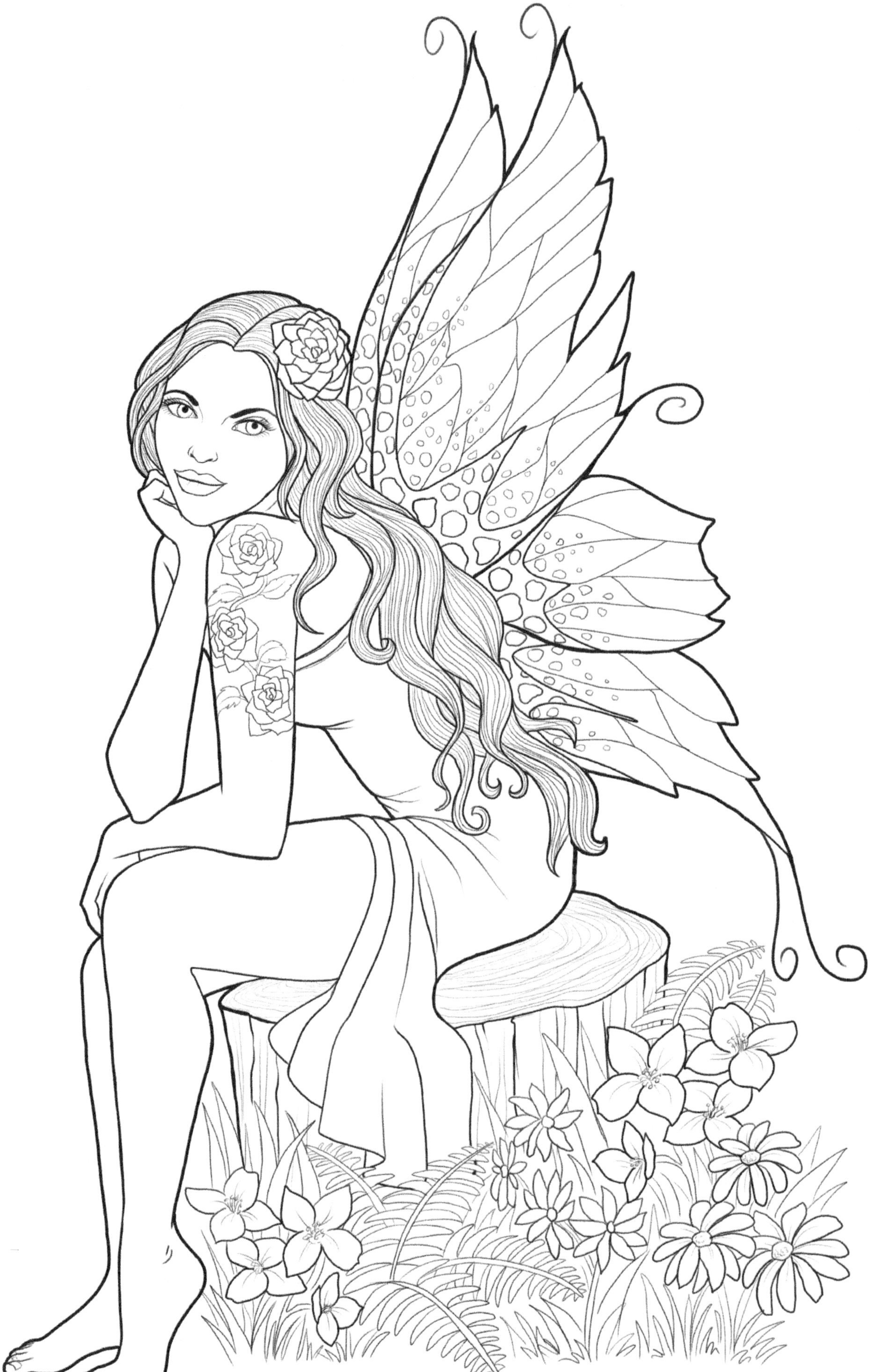

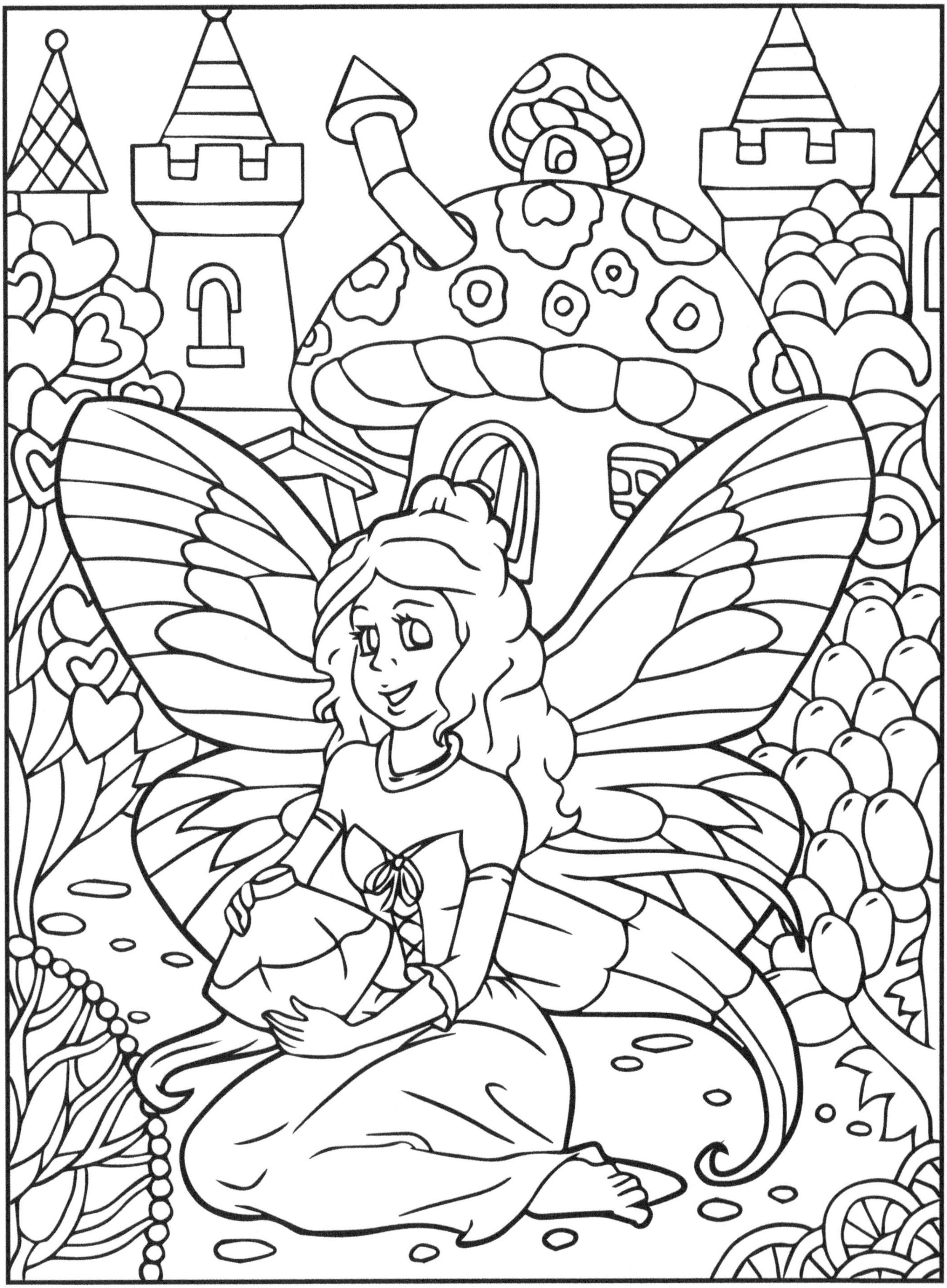

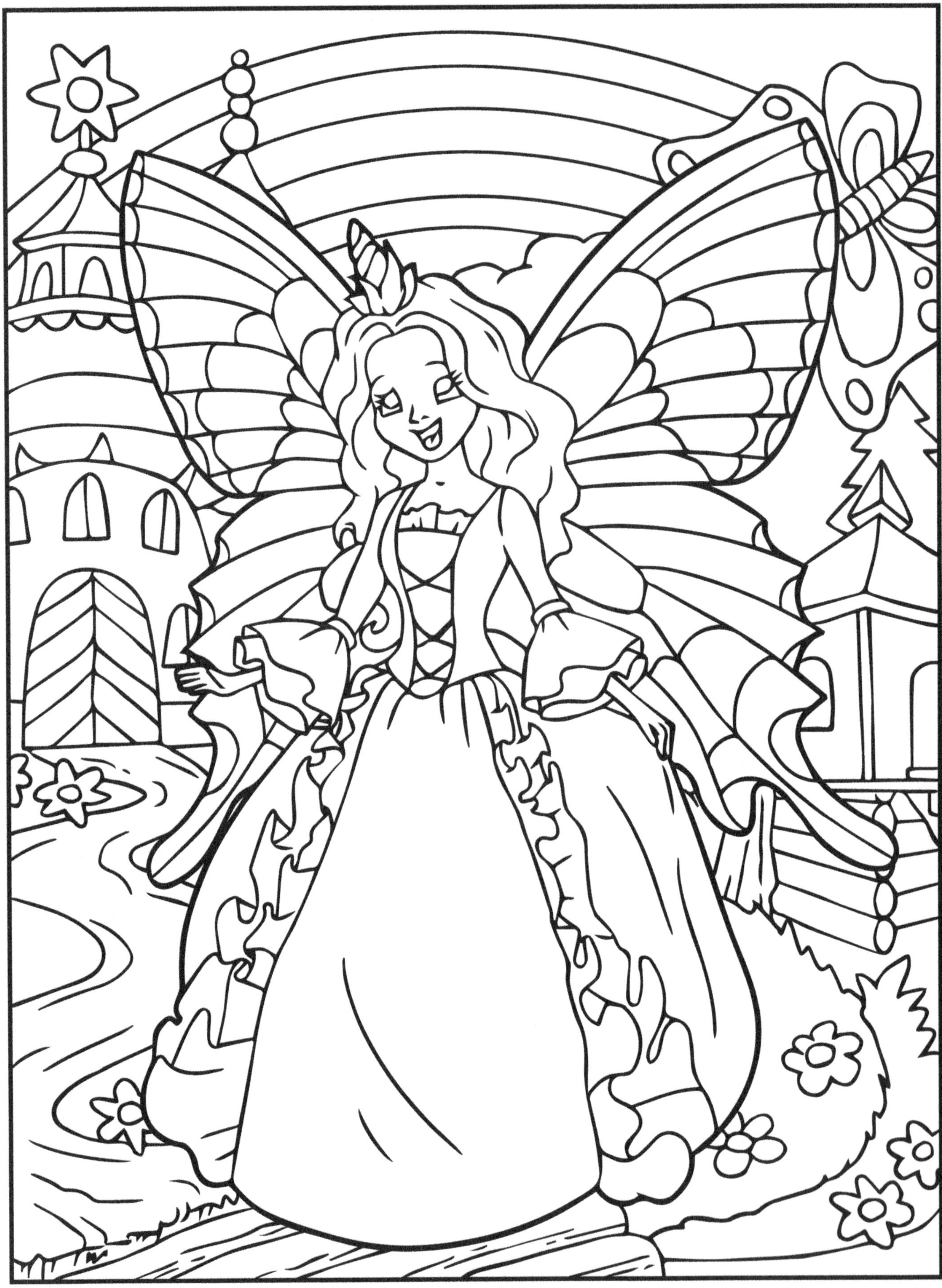

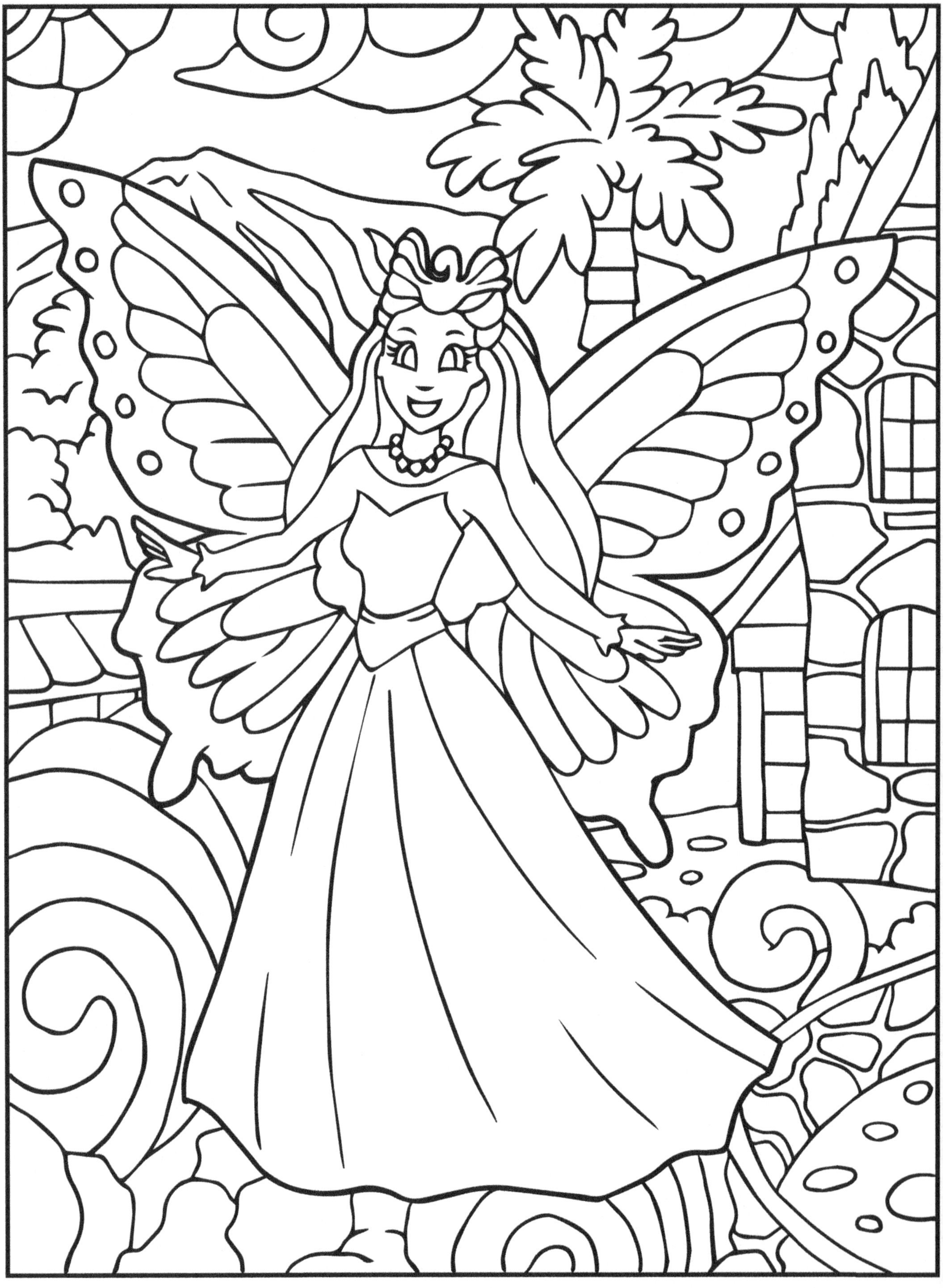

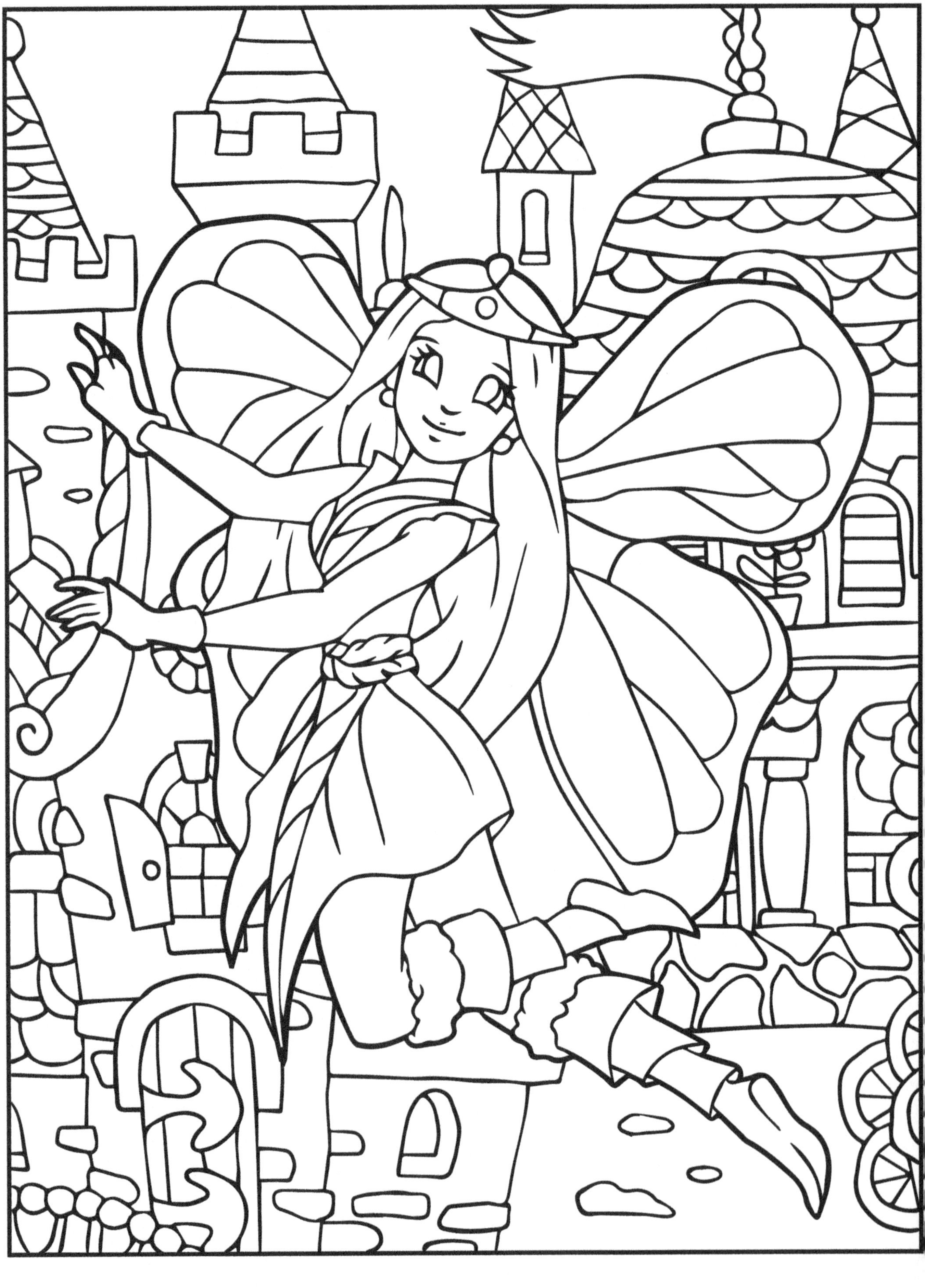

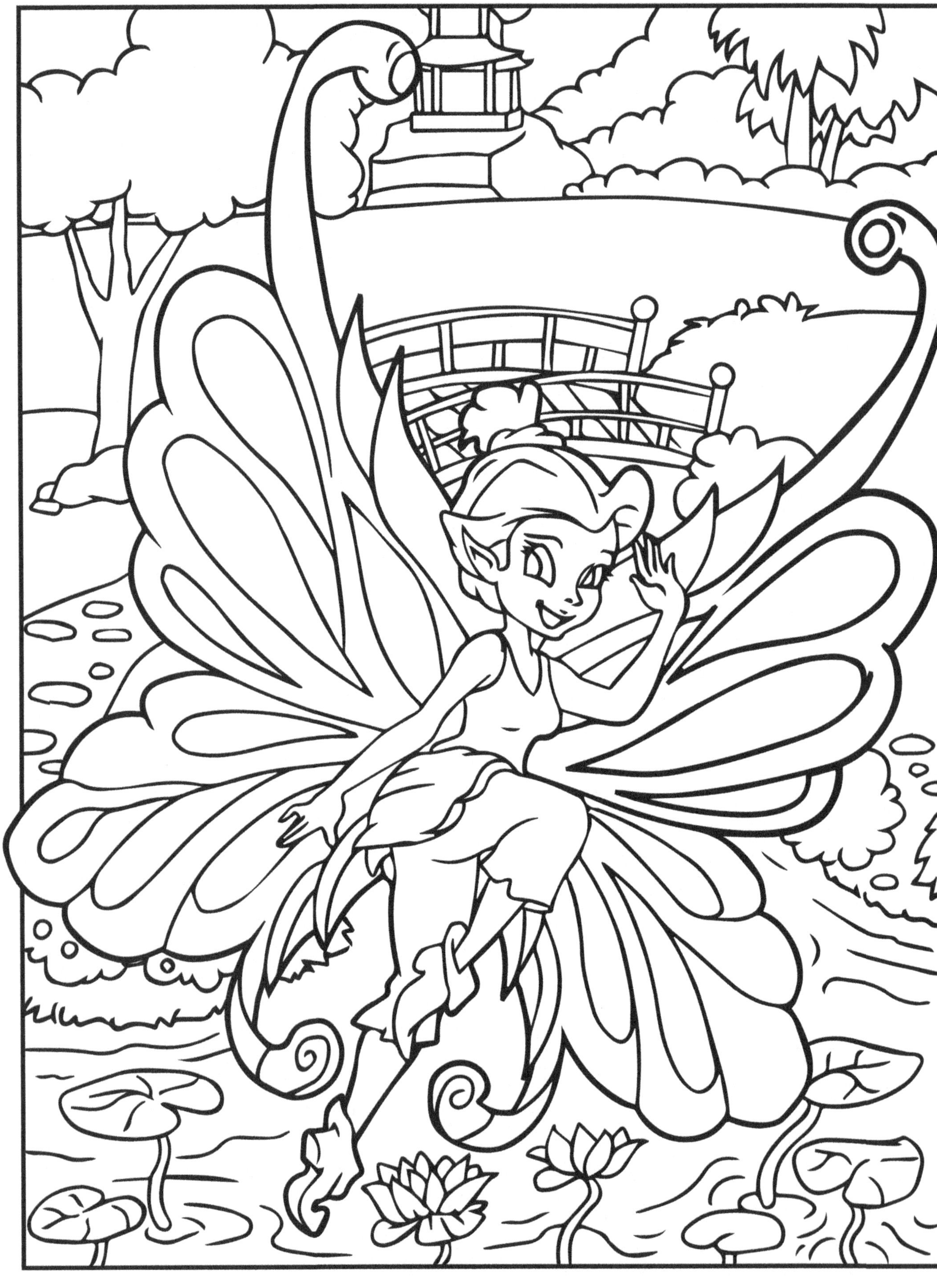

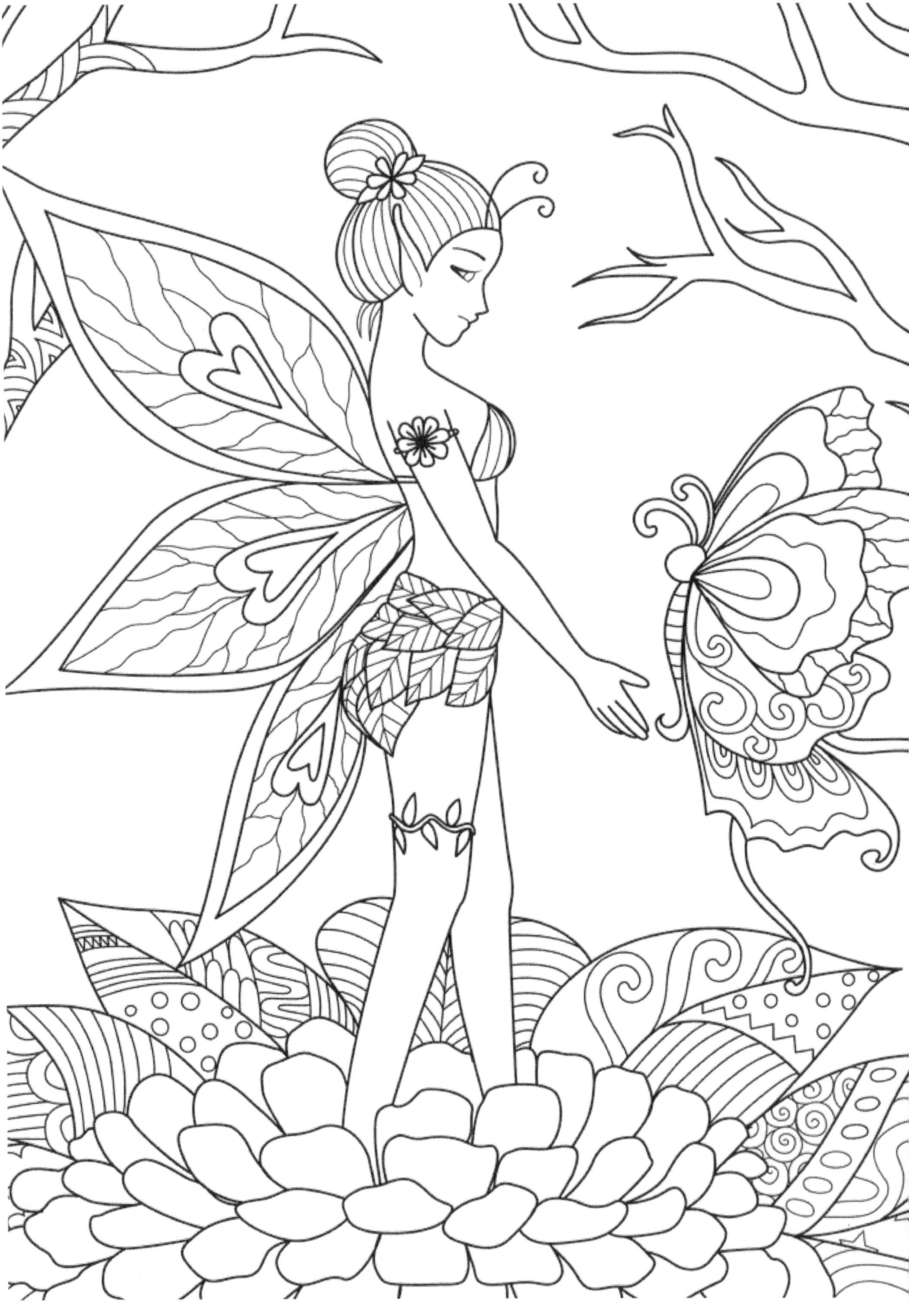

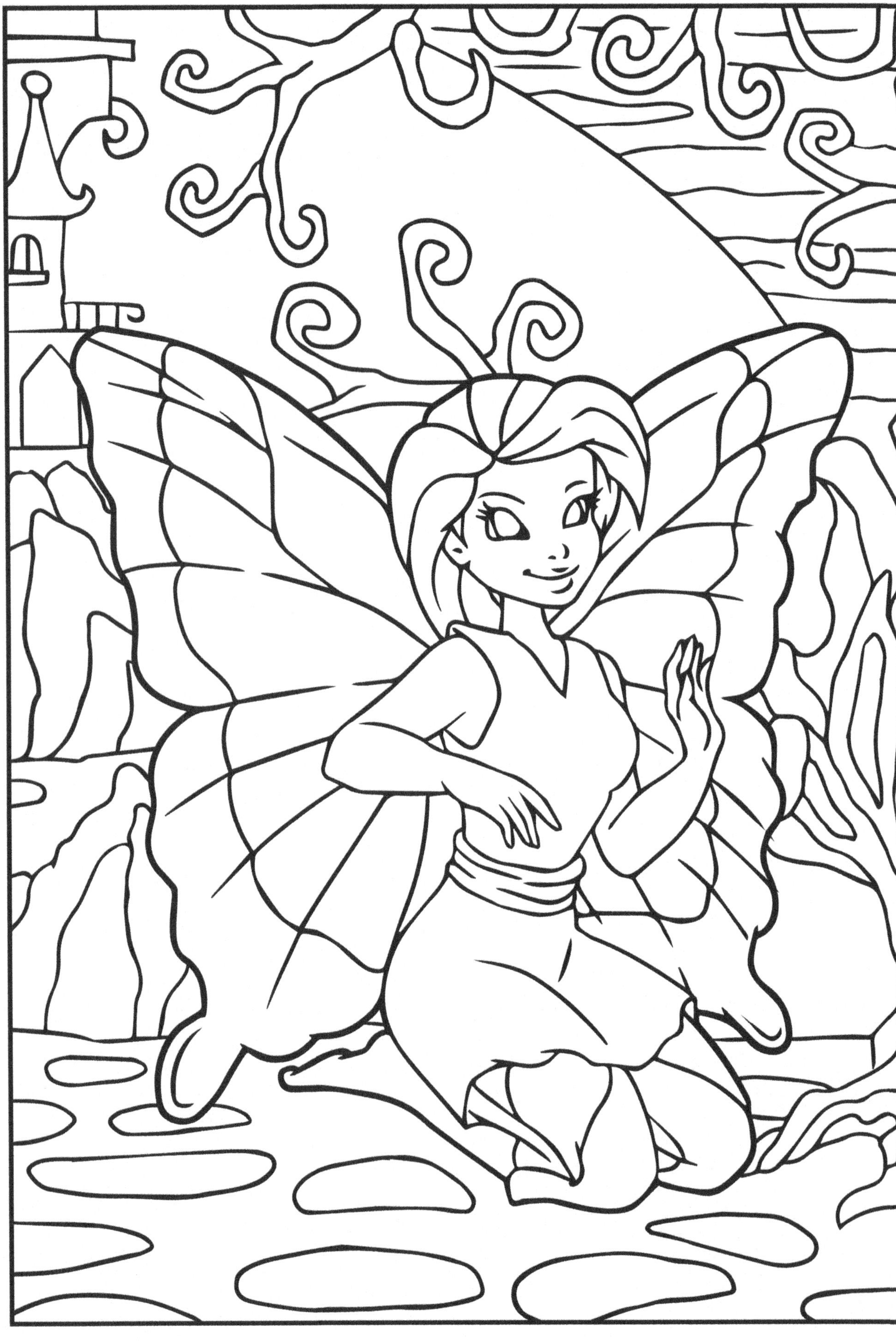

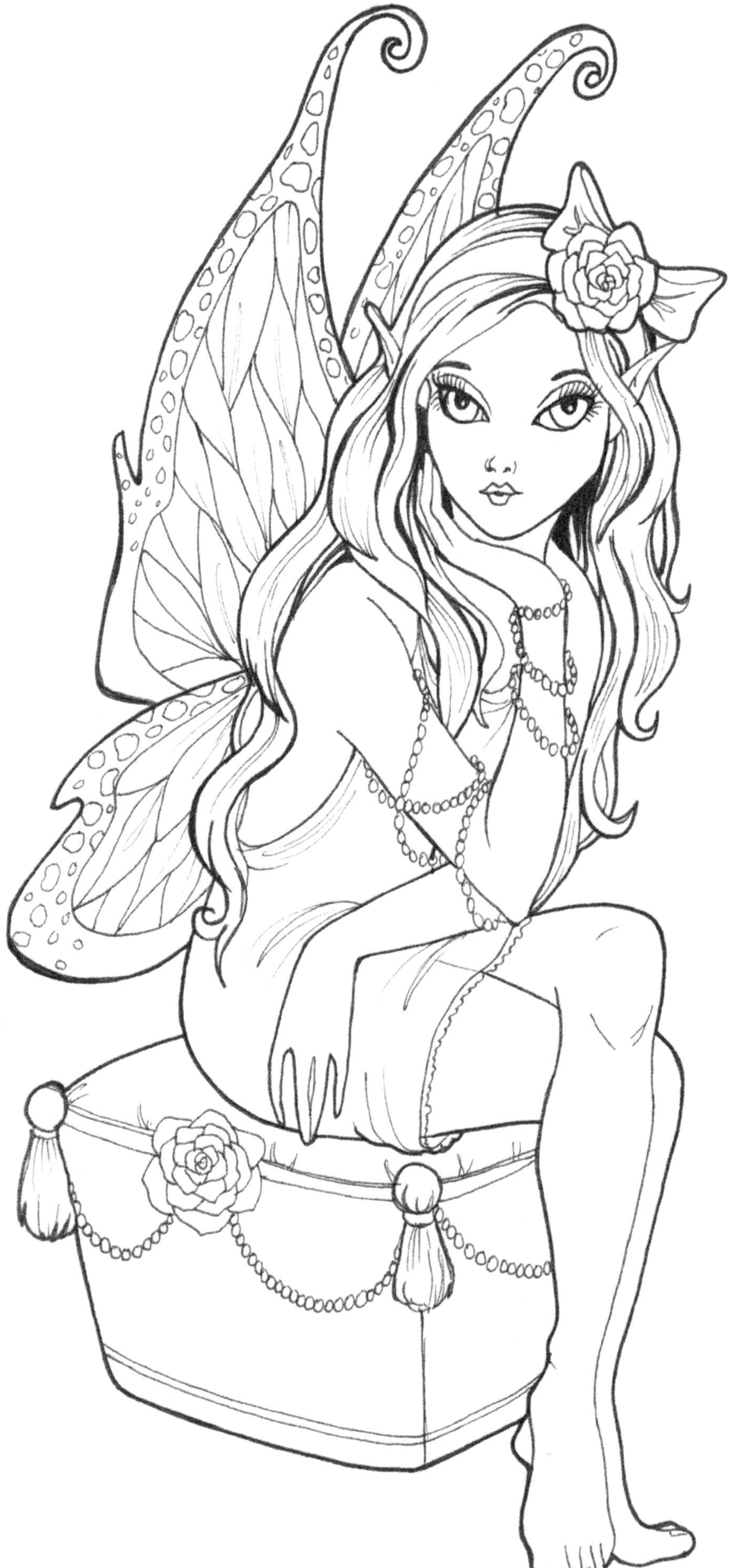

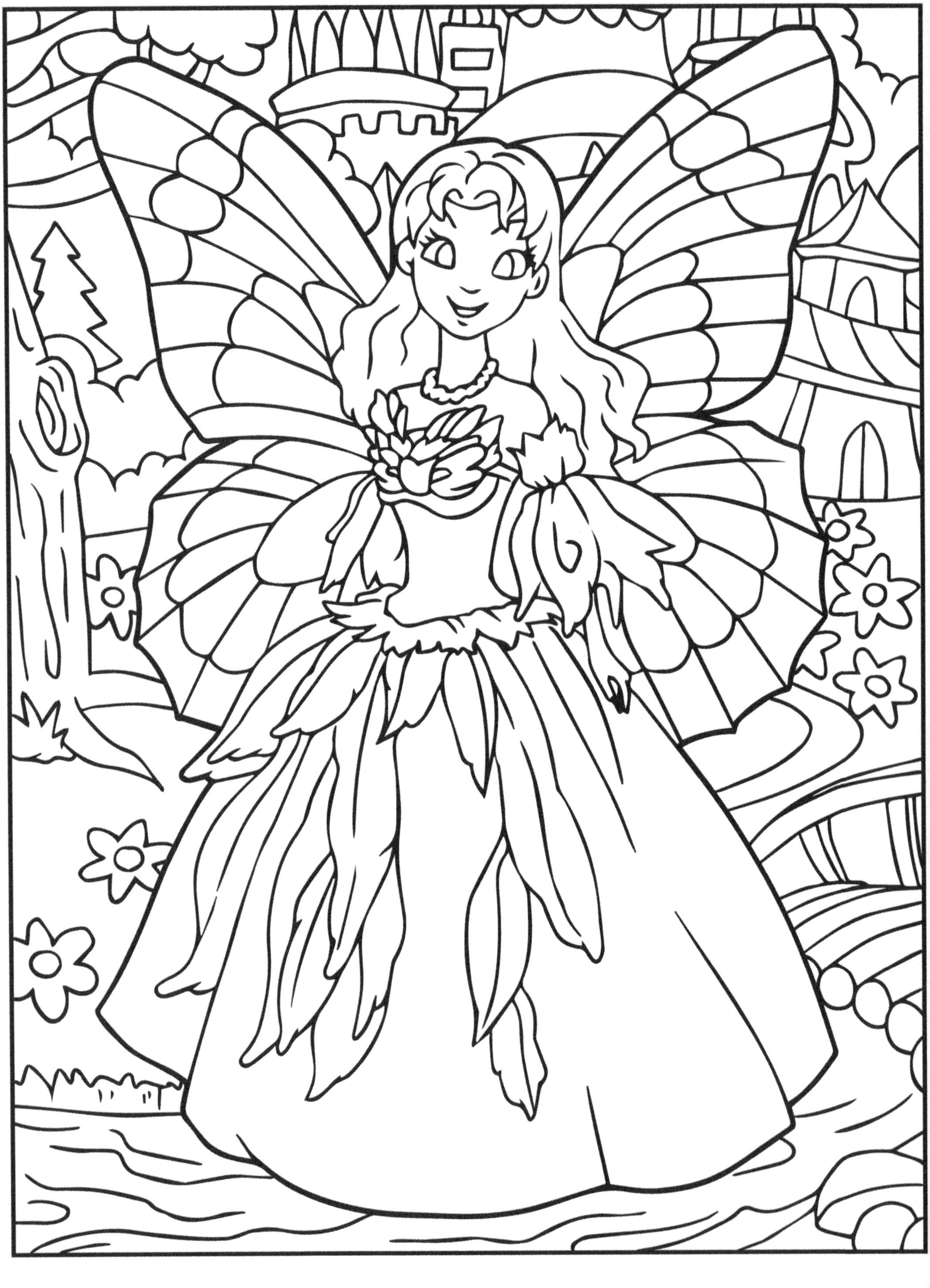

Made in the USA
Monee, IL
06 February 2021

59801241R00037